「社会保険」トコトン150%活用術

★本当の安心を実現する81の使える知識

健康保険
年金
失業保険
労災
介護保険

日向 咲嗣
Hyuga Sakuji

同文舘出版

はじめに　人生100年時代の安心生活入門

当たり前だったことが、ある日のある時間を境にして、当たり前ではなくなる。そして「当たり前だったこと」を失ってみて、初めて、その価値がわかる――。3・11の東日本大震災は、われわれの日常生活がいかに脆いかということを改めて教えてくれました。

自然災害に限らず、ひとりの人に突然理不尽にふりかかる災難は、いまこの瞬間にも無数に起こっています。会社の倒産やリストラによる失業、交通事故、心身疾患による労務不能、大病による手術と長期入院、親の介護疲れ、定年退職後の生活破綻……。

われわれがふだん、当たり前の生活を維持していくこと自体、ある意味、「リスクだらけ」なわけで、生涯にわたって何事もなく生活できることこそ、むしろほとんど「奇跡」に近いのかもしれません。

にもかかわらず、生活破綻に陥る危機について、われわれがこれまで極端に鈍感でいられたのは、公的な保険制度が社会の隅々まで張り巡らされていて、それらの制度に対して「いざとなれば、なんとかしてくれる」という信頼感があったからではないでしょうか。

ところが、なんの知識もない人が災難に遭遇したとき、公的な保険が必ず助けてくれるかというと、それは甚だ怪しいのが現実です。

たとえば、あなたがひどい腰痛のため、仕事を続けられなくなって、勤めていた会社を退職したとします。会社を辞めて失業しているのだから、当然、雇用保険から失業手当をもらえるはずと思いますよね。

ところが、あなたがハローワークに行って「仕事を続けられないほどひどい腰痛で退職した」と言った瞬間に、失業手当は1円も支給されなくなります。

なぜならば、失業手当は「いつでも就職できる能力がある」ことが大前提だからです。

ハローワークの窓口では「腰痛が回復してからきてください」と言われるでしょう。

雇用保険にも、働けないときにもらえる「傷病手当」（健康保険の「傷病手当金」とは別の制度）がありますが、それは、受給手続きをした後に働けなくなった人に対して支給されるもので、退職時にすでに「働けない状態」の人は、支給対象外なのです。

一方、健康保険の傷病手当金は、在職中に受給を開始していることが支給要件（資格喪失日の前日までに1年以上継続して加入していることが必要）ですから、あとから気づいて申請しようとしても、退職していたらアウトです。

さらには、もし、その腰痛は業務が原因で起きたとしたら、労災保険によって、手厚い給付が受けられたはずですが、それも退職後となると、かなり申請するのが難しくなってしまいます。

民間の保険なら、細かい字で印刷された約款までは読まないにしても、その保険がどんなときに支給されるかについてくらいは、セールスの人から説明を受けるものです。

それに対して、強制加入で、否応無く保険料を給与から天引きされる社会保険では、加入時に主な保険給付の内容すら一切知らされないのですから、「知らないのは当たり前」かもしれません。その結果、高い保険料を払っているにもかかわらず、いざというときにまったく役に立たなくて、お金をドブに捨てているのと同じ結果になってしまうかもしれないのです。

あげく、必要以上の保障を求めて、民間の保険に加入することになっては、ただでさえ苦しい家計がますます圧迫されてしまいます。

日本は、かつてのように、人並みに努力さえしていれば、誰もが安定した生活を送れる社会では、もはや、なくなりつつあるように思います。

経済の規模が確実にシュリンク（縮小）していくなかで、ほんのちょっとした不運がきっかけで、生活破綻に陥るリスクがあることが浮き彫りになったのが、ここ数年続いた「不安の時代」ではないでしょうか。

平凡な日常に潜む生活破綻のリスクは、昔から存在していたのですが、経済成長の実感がそれに対する不安をかき消して、めだたなくさせていただけなのかもしれません。

経済成長が「持続するのが当たり前」ではなくなったいま、われわれは、日常生活に潜んでいるリスクと、正面切って対峙せざるをえなくなりました。

リストラや倒産が日常化するなかで、「会社に任せておけば安心」とか「ほかの人と同じように行動していれば大丈夫」といった、人任せの考えも次第に通用しなくなりつつあります。

でも、だからといって、徒に不安にさいなまれることはありません。

われわれの社会が長い年月をかけて構築してきた公的保険制度は、保証機能が昔に比べてやや後退したとはいえ、根幹の部分はまだまだ健在です。

一方で、介護保険のように、昔はなかった分野もカバーしてくれる制度も整備されつつあります。

そこで、公的保険制度の中核をなす社会保険について、基本的なことだけでも勉強しませんか、というのが本書の提案です。

本書に取り上げた内容は、どれも知っているだけで、もしものとき、大きな威力を発揮するものばかり。その知識を仕入れることは、下手な民間の保険に加入するよりも、メリットは大きいでしょう。

本書の序章では、社会保険の知識を得ることで、具体的にどんなメリットが得られるかをQ&A方式で解説しました。これを読めば、ひとつの知識が年間何十万円もの差になってくるのがおわかりいただけるはず。それだけでは社会保険のしくみが理解しづらい、もっと詳しく知りたいと思ったら、1章以降をじっくりと読み進めていってください。

積極的に知識を得て有利な選択をしようとする人と、「難しいことは考えたくない」と思考停止に陥っている人との格差は、年々拡大していく一方です。

他人任せの「安心生活」ではなく、確たる知識に裏打ちされた「本当の安心生活」をめざす時代に入ったと言えるのかもしれません。

本書がそんな「本当の安心生活」を構築するための、第一歩になることを願って止みません。

※本書に記載された内容は、一部有効年月日を明記した箇所を除いて、２０１１年６月末現在のものです。
お読みになった時期によっては、本書の内容が正確ではなくなっている可能性があります。また、雇用保険につきましては、各職業安定所の裁量に委ねられている部分が大きいため、本書の内容とは異なる判断が下される可能性もあります。重要なことにつきましては、関係機関にご確認されたうえで行動されることをお勧めいたします。

本当の安心を実現する81の使える知識
「社会保険」150%トコトン活用術　もくじ

第2章 健康保険編
100万円の医療費が自己負担8万円で済む公的医療保険

第3章 年金保険編
死ぬまでお金がもらえるポイント累積保険

第4章 雇用保険編

失業しても生活費確保できる社会的安全網

第5章 労災保険編

病気や事故に遇っても、安心して休める国営損害保険

第6章

介護&高齢者医療保険編

自分よりも親のために知っておきたい長寿リスク保険

カバーデザイン　齋藤　稔
本文デザイン・DTP　上筋英彌（アップライン）

序章

年間30万円トクする社会保険知識

パート勤務だった妻が前年より数千円多く稼いだだけで年間30万円の負担増！　フリーターの息子・娘は、収入少ないのに、なぜか社会保険料は激高！　実家の父母が介護保険と後期高齢者医療制度の保険料で家計破綻寸前……。

そんな絶対絶命のピンチのときでも、ちょっとした知恵を働かせるとウソのように負担が軽減されることもあるのが、社会保険の研究しがいのあるところ。

そこで、まずは、知らないと大損する社会保険料の知恵をQ＆A方式でまとめてみました。

夫婦共働き・社保加入編

Q．妻の年収が130万円以上になったら、妻も別に社会保険料を払わないといけなくなる？

A．そうなります。

「年収130万円以上」になると、夫が加入している健保の被扶養者（扶養家族）の資格を失い、同時に国民年金保険料無料の3号被保険者でもなくなります。

そうなると、これまで1円も負担しなくて良かった奥さんは、自分で健康保険と年金の保険料を納めることになります。

Q．妻も別に健保と厚生年金に加入するということ？

A．違います。

「年収130万円以上」になったら、夫の扶養配偶者ではなくなるというだけのこと。

扶養から外れた奥さんは、自分で稼いだお金のなかから、一人前の社会保険料を納めないといけません。奥さんがどの社会保険に加入するかは、年収とは関係なく、勤務日数・労働時間数によって決まります。すなわち、一般社員の4分の3以上勤務していれば勤務先で健保と厚生年金に加入するわけです（2章参照）。

Q．要するに、フルタイムに近い条件で働くと、妻も勤務先の社保に加入するということ？

A．そうです。

年収130万円以上稼いでいても、4分の3ルールを満たしていなかったら、健保と厚生年金には加入できませんので、国保（国民健康保険）と国民年金に加入して、その保険料を自分で納めることになります。

たとえ4分の3ルールを満たしていても、保険料負担をできるだけ避けたい使用者側では、パートタイム勤務の人については、加入手続きをしてくれないことが結構あるため、非正規社員には、仕方なく国保と国民年金に加入している人も多いのが実情です。

Q. 妻が国保と国民年金に加入すると、どのくらい負担が増える？

A. 保険料は、国民年金だけで月約1万5000円。国保もプラス（市区町村によって保険料は異なる）すると、月3万円前後は負担が増えるでしょう。

Q. 今年は、妻のパート年収が130万円を少しオーバーしそう。被扶養者になれるかどうかの審査は、今年の収入、それとも前年の収入をもとにする？

A. 今年の見込み収入をもとに判定されます。

とはいえ、最終的に今年の年収が130万円に届くかどうかは予測がつかないもの。そこで、130万円を12カ月で割った10万8333円を超える給与をもらうと「見込み年収130万円」とみなすことになっています。

ただし、1カ月だけ10万8333円を超えたら、すぐに被扶養者でなくなるわけではなく、その状態が3カ月以上続いた場合には、3カ月めから被扶養者から外れるというルールになっています（ただし、健保組合によっても運用ルールは多少異なる）。

Q. 妻が働いたら、雇用保険はどうなる？

A. 健保と厚生年金は、実質週30時間以上勤務（一般社員が週40時間として、その4分の3）で加入義務が生じるのに対して、雇用保険は週20時間以上勤務で加入義務が生じます。

ですから、パートタイム勤務でも、雇用保険のみ加入するパターンは意外と多いのです。

雇用保険は健保や厚生年金と比べて、保険料が極端に安いですから、週20時間以上のパート勤務ならば、雇用保険に加入しないほうが大損です（4章参照）。

フリーターの子供を持つ親の悩み編

Q. 勤務先の会社から、同居しているフリーターの息子が健保の扶養に入れないと言われました。学生でないと、扶養家族にはなれない？

A. 加入している健保組合次第です。

被扶養者になれる要件は、「年収130万円未満であって、かつ被保険者（世帯主）の2分の1未満であること」ですから、額面通りに受け取れば、学生ではないフリーターをしている息子・娘でも、問題なく被扶養者になれるはずです。

ところが、健保組合のなかには、18歳以上の就労可能年齢に達した子供については、予備校、大学・短大、専門学校等に在学していないと、被扶養者とは認めないとしているところが増えています。

具体的な手続きとしては、在学証明書の提出を求め、無職の場合は、働けない理由まで明記した申請書の提出を義務づけているところすらあります。

もっとも、健保組合によっても、この種の運用は大きく異なります。単純に年収130万円未満であることを証明さえすれば、学生でなくても、まったく問題なく被扶養者と認められるところも少なくありません。

Q. 家を出て都会で暮らしている娘が年収130万円未満なら、親の健保の扶養に入れることは可能？

A. 理論的には可能です。

健保の被扶養者は、同居を絶対的な要件とはしていません。別居していても、認定対象者（この場合は娘）の年収が130万円未満であって、なおかつ被保険者（この場合は親）からの援助による収入よりも少ないときには、被扶養者になれます。

ただし、健保組合によっても、被扶養者の認定基準は異なります。

被扶養者の申請にあたっては、認定対象者の収入証明と、仕送りを証明するもの（直近3カ月の振込控えなど）を添付しなければならないケースも多く、また、「学生でないと認めない」としているところでは、最初から要件を満たしていないとされてしまうのです。

いまのところ、協会けんぽの場合は、そこまで厳密な審査はされていませんので、認定基準さえクリアしていたら、学生でなくても被扶養者になれるでしょう。

Q．息子の国保納付通知書が私宛てに来るのですが、世帯主の私は健保に加入しているのに、これは間違いではないですか？

A．国民健康保険の保険料は、住民票上の世帯主が納付義務を負うことになっていますので、そのような取り扱いをすることは、決して間違いではありません。

健保に加入している世帯主自身は、国保とは何の関係もなくても、家族が加入している国保の保険料納付に責任を持つようになっているのです。

この国保に加入していない世帯主のことを「擬制世帯主」と呼んでいます。

「擬制世帯主」の収入は、国保に加入している家族が納める保険料決定には一切影響を及ぼしませんが、家族が保険料の軽減や減免を受けるときには大いに関係してきますので、その点は注意が必要です。

Q．同居している息子は、年収が極端に低いのにもかかわらず、国保の保険料が異様に高い。国保には低所得者に対する優遇措置はないの？

A．国保には、低所得者向けに保険料を軽減する措置はありますが、親と同居している若者については、親の収入も審査対象になるために、そうした軽減措置の恩恵を受けられないケースが圧倒的に多いのです。

ほとんどの市区町村では、給与収入で年収98万円（所得33万円）までの人については、加入する家族数にかかる均等割と、世帯ごとに定額がかかる平均割を7割減額してくれるようになっています。

ところが、その収入の審査にあたっては、加入者本人だけではなく、「擬制世帯主」の収入も対象となるのがポイント。したがって、いくら本人の収入が少なくとも、同居している親が普通に収入があると、保険料は軽減されないわけです。

Q．世帯主の収入を除外して、国保保険料の軽減措置を受けられる方法はないの？

A．あります。

擬制世帯主の収入によって軽減対象外とされた場

合、子供が住民票上の世帯を親と分離することで、国保に加入している本人のみの収入によって保険料の軽減が受けられるようになります。

　住民税の「世帯」の考え方は、同居しているだけで、ひとつの世帯に属するわけではありません。「生計が同一」、つまり生活費をまかなうサイフが同じであって初めて「同一の世帯に属する」とされるのです。

　したがって、同じ住所に住んでいても、親と子が生活費のサイフを別にしていれば、世帯を別にすることは、法的にもまったく問題ありません。

　手続きとしては、市役所で「住民票異動届」を提出するだけでＯＫです（「異動事由」は『世帯分離』とする」）。これにより、住民票上の世帯が別々になるだけで、戸籍等は一切変わりません。

　一度世帯分離を行えば、それ以降、加入者本人の収入のみによって軽減措置が適用されるかどうか審査されますので、軽減されるチャンスは増えるでしょう。

非正規労働者・社保デメリット軽減編

Q．複数のパート・アルバイトを掛け持ちした場合の社保はどうなる？

A．一カ所の勤務先において、〝4分の3ルール〟を満たしたら、そこで社保に加入するのが原則です。
　複数の仕事を掛け持ちしていて、どの仕事も〝4分の3ルール〟を満たしていなければ、結果的に、社保には一切加入手続きはされないでしょう。

　ただし、年収が１３０万円以上あれば、世帯主が加入している健保の被扶養者にはなれませんので、別に国保と国民年金に加入しなければなりませんが。

Q．国保だけ加入することはできないの？

A．国保は国民年金とセットで加入するのが原則ですから、国保だけ加入することはできません。
　しかし、現実には、家計に余裕がないために、国民年金の保険料を未納にする人が多いのが実情です。保険料未納のまま放置しておくと、将来もらえる年金も少なくなりますので、余裕のない人は、保険料免除申請（3章参照）をしておくのが賢明です。

Q. 掛け持ちで働いたとき、メインの一カ所で社保に加入して、もう一カ所では社保に加入しないというような働き方は許されますか？

A. 許されます。まったく問題ありません。そのほうが結果的に社会保険料は安くなるでしょう。

たとえば、週4日働いて月15万円稼ぐ仕事と、週2日働いて月5万円稼ぐ仕事を掛け持ちしたとします。

社保はひとつの事業所でしか加入できませんので、週4日のほうで加入すれば、週2日のほうは、当然、社保に加入できません。

その結果、週2日働いて月5万円稼いでいる仕事については、社会保険料は一切かからなくなります。

ただし、厚生年金については、納める保険料が低くなれば、その分だけ将来受け取れる年金額も減ることは覚悟しないといけませんが。

Q. 社会保険料を低く抑える方法はないの？

A. ひとつだけコツがあります。それは、保険料算定の時期に注意することです。

健保と厚生年金の保険料は、毎月給与にパーセンテージをかけて計算されているわけではありません。

毎年4月～6月の3カ月にもらった給与の平均額だけを元に算定され、その保険料がその年の9月から（10月分の給与）翌年8月（9月分の給与）までの1年間適用されます。

パート勤務の場合は、正社員と違って、月によってシフトに入る日数が増減することがよくありますが、4月から6月の期間中に、不用意にふだんよりもシフトに入る日数を多くしすぎると、毎月平均的にもらっている給与のわりに社会保険料は高くなってしまうおそれがあるのです。

もっとも、1日でも多く働いたほうが実入りは増えますので、4月～6月だけ突出してシフトに入る日を増やさないこと、また、シフトに入る日を極端に増やすのは、できれば、4月～6月を避けたほうが賢明という程度のことです。

配偶者が失業したときの危機管理編

Q. パートしていた妻がパートを辞めても雇用保険はもらえますか?

A. 退職後、夫の給料だけでは生活できないから、続けて働くつもりであれば、当然、もらえます。

逆に、「退職後は専業主婦に戻って、外で働くつもりは一切ない」場合は、「失業の状態」にはないですから、失業手当はもらえません。

失業手当は、月給12万円の人で1日3200円かける最低90日もらえますので、トータル28万円。職業訓練の延長給付なども活用すれば、さらに多くの給付を受けられます。

奥さんが社会保険料を払ってきたことのメリットを活かせる絶好のチャンスと言えるでしょう。

Q. 妻が失業したら、私の健保の扶養に入れないの?

A. 雇用保険を受給しないのであれば、健保の被扶養者にはなれます。

雇用保険を受給する場合は、原則としては、健保の被扶養者にはなれません。そのことを確約するために、健保組合では、退職した配偶者が被扶養者の申請をすると、離職票原本の提出を求めてきます。

ただし、失業手当の支給がない給付制限期間中や、「年収130万円」を見込めない日額3611円以下の手当を受給しているとき、さらには失業手当をもらいきった後であれば、被扶養者になれるはずです。

このあたりの対応は、健保組合によっても異なります。雇用保険を受給しないとの誓約書を提出したり、受給終了の印が押された受給資格者証を提出することで、被扶養者になれる場合もあります。

健保の被扶養者になれないと、国民年金の3号被保険者の資格も失います。結果として、奥さんは、失業期間中で1円の収入もなくても、自分で国保と国民年金の保険料を負担しなければならなくなります。

Q. 世帯主の私が失業したら、妻の健保の扶養に入ることは可能ですか?

A. 可能です。その場合、奥さんがパート勤務でも健保に加入さえしていたらOKです。

健保の被保険者となった配偶者は、国保に加入しなくてもいいだけでなく、国民年金保険料を納めなくてよくなり、その分のメリットも大きいでしょう。

ただし、雇用保険を受給する場合には、前記したように、健保組合によっては、さまざまな規定があり、その規定に適合しないと被扶養者にはなれません。

無収入になる失業期間中の社会保険料負担は結構重いですから、こんなときこそ、夫婦2人ともに社保に加入しているメリットをフルに活かしたいものです。

自営業者・社保地獄脱出編

Q．独立自営で国保に加入しています。保険料がバカ高いので、ほかの保険に入りたいのですが、何かいい方法はありませんか？

A．同業者が集まって運営されている国保組合（国民健康保険組合）に加入することで、結果的に保険料が安くなるかもしれません。

国保組合は、医療費の自己負担限度額を極端に低くするなど、市町村が運営している国保と比べて、手厚い給付を実現しているのが特徴です。

注目したいのは、国保組合の保険料の算定には、「所得割」がない点（稀にあるところもある）。つまり、所得にかかわらず定額の保険料になるため、所得の多い人ほど市町村国保よりも保険料が安くなる反面、所得の少ない人は、逆に割高になりがちです。家族の人数に対してかかる均等割はありますが、それも低く設定されているのが一般的です。

国保組合は、誰でも加入できるわけではありません。「建設国保」や「土建国保」のように、建設業に従事している人を対象にした国保組合に限っては、ほとんどの都道府県にありますので比較的加入しやすい一方、それ以外の業種・職種では、非常に限られた人しか加入できません。

医師、歯科医師、薬剤師、税理士、弁護士、理容・美容、芸能、文芸美術、食品販売、青果卸売、浴場、写真材料――などの業種で設立されていて、地域も限定されています。これらの職種に従事する資格者・事業主だけでなく、その事業所に勤務するスタッフも加入できます。

Q．家族4人で、国保の保険料を月7万円も払っています。別世帯にしている、同居の両親も国保で、高い保険料を払っているようです。両親と保険証を一緒にしたほうがトクでしょうか？

A．トクです。両親と世帯を合併すると、トータルの保険料分はかなり安くなるでしょう。

月7万円ということは、国保で定められている、最高額（医療分51万円、支援分14万円、介護分12万円を合わせて年間77万円）が適用になっているはず。

すでに最高額が適用になっているということは、新たに家族の人数が増えたり、増えた家族それぞれの所得にかかる分がプラスされたとしても、保険料はいまのまま。つまり、新たに加わる両親の分の保険料がまるまるタダになる計算です。

計算上の保険料が100万円になろうが、200万円になろうが、ひとつの世帯においては、あらかじめ決められた最高額を超えることはないからです。

世帯合併は、先述した世帯分離とは正反対の理屈で、「生計が同一」であれば、市役所で住民票の手続きをするだけでいともカンタンにできてしまいます。

最高額でない世帯でも、国保同士の世帯が合併をすると保険料が多少安くなる可能性があります。

世帯が別だった両親と同じ世帯になると、家族ひとりあたりにかかる均等割や、家族それぞれの収入にかかる所得割は同じでも、これまで二世帯分かかっていた「世帯割」（「平均割」とも呼ぶ。電気代や水道料金の基本料金のようなもの）が一世帯分で済むからです。その分だけトータルの保険料は安くなるわけです（ただし、世帯割がかからない市町村もあるので注意）。

高齢の親を介護する苦労軽減編

Q．故郷の実家に住んでいる高齢の父母を、私の健保の扶養に入れることは可能ですか？

A．年齢と収入額にもよります。

まず年齢については、75歳未満であること。75歳以上の後期高齢者医療制度に加入していると、健保の被保険者にはなれません（後期高齢者医療制度廃止に伴って、改定される可能性アリ)。

次に、収入については、60歳以上の親は、ひとり「180万円未満」であれば、子供が加入している健保の被扶養者になることができます。

もちろん、ほかの家族のときと同様に、主に被保険者の収入によって生計を維持していることが必要ですけれども、就業年齢に達した子供を扶養にするときほど、その証明手続き等は厳しくないようです。

ただし、健保組合のなかには、2人以上の世帯については、180万円に独自の掛け率(0.7~0.8)を設定していて、実質的にはひとり140万円よりも低くないと、被扶養者とは認定しないケースもあります。勤務先の総務に一度問い合わせてみてください。

なお、自分の父母については、別居でも被扶養者になれるのに対して、配偶者の父母の場合には、同居していないと、それと認められません。

Q．同居している高齢の両親は、わずかな年金収入しかないのに、後期高齢者医療制度と介護保険を2人分で年間20万円以上払っているようです。何とかならないのでしょうか?

A．世帯分離を行うと、どちらもかなり安くなる可能性が高いです。

まず、後期高齢者医療制度については、低所得者は、1人あたりにかかる均等割を2割~9割軽減してくれるようになってはいるものの、住民票上の世帯主に普通に収入があると、その分が審査の対象となるため、均等割は1円も減額されないのです。

控除を引くと所得ゼロになる人(年金収入153万円以下)でも、均等割3万9260円(平成22・23年神奈川県)の2人分で、約8万円かかってしまいます。

これが、世帯分離をすると、親本人のみの収入によって均等割軽減対象になりますので、夫婦2人分で約1万2000円程度で済むのです。

介護保険についても、65歳以上の保険料は6~12段階に分かれていて、同じ世帯に市民税課税者がいるかどうかで、保険料額が大きく違ってきます。

息子夫婦と世帯分離を行って、親夫婦共に市民税非課税となると、年間10万円以上も保険料が違ってくるケースも普通にあります。

なお、世帯収入は、毎年4月1日時点において判定されますので、世帯分離の手続きをするならば、3月末までに行っておくのが賢明です。

Q．同居している両親が2人とも、介護保険認定を受けて、介護サービスを利用するようになり、その利用料金がかさんで困っています。医療費も含めると、月に10万円以上も援助しなければならないときがあります。世帯分離をすれば負担は軽くなりますか？

A．なります。

医療費、介護サービス利用料ともに、1カ月の自己負担限度額が設定されています（6章参照）。いずれも、世帯あたりの収入（住民税課税か非課税か）によって、その自己負担限度額は変わりますので、高齢で年金収入しかない世帯では、本来、自己負担はかなり軽減されるしくみになっているはずなんです。

ところが、子供と同居して世帯を同じにしていると、低所得者に対する優遇措置が受けられません。そこで世帯分離を行うと、高齢者夫婦が負担する医療費と介護サービスの自己負担額が劇的に下がるわけです。

とりわけ大きな差が出るのが介護施設に入所したときでしょう。

居住費と食費については、介護保険が適用されません。施設に払う居住費が6万円、食費が4万円とすると、介護サービスを一切受けなくても毎月10万円もの費用がかかってしまいます。世帯を分離することで、両親が非課税世帯となれば、月2万4000円程度で済むケースもあるのです。

デイケアやデイサービスの利用時にかかる食費についても、非課税世帯になると同様に負担は大きく軽減されます。

医療費の自己負担上限額が下がる分も含めれば、その効果はもっと大きくなるはずです。

第1章　入門編

ゼロから学ぶ社会保険の超・基礎知識

序 そもそも、社会保険って何？

1章のストーリー

流通企業に勤務するUさん（55歳）は、先日、専門学校の卒業を間近に控えている長男（20歳）と大ゲンカしてしまいました。きっかけは、長男のこんな一言です。

「やっぱオレ、就職ヤメにしたよ。だって、いまのバイトにフルで入ったら月30は稼げるんだぜ。社員で就職するやつら、初任給20やそこいらのうえ、保険引かれたら手取り10万台なんて、ありえねーよー。だいたい年金なんか払っても、オレら年寄りになる頃には、もらえないに決まってんだからさ」

「オマエはバカか！」と、思わず怒鳴りつけたくなる気持ちをグッと抑えて、社会人としての心構えを懇々と説いてやろうとしたものの、目先の損得しか頭にない長男には、通じそうもありません。

そこで、社会保険なしの仕事がどれだけ不利かを説明してやろうとしても、Uさんには、論理的にうまく説明することができません。

「オマエなぁ、社保なしってえのは、どういうものかわかってんのかぁ？　失業したって1円ももらえなくて路頭に迷うんだぞ」と言うのが関の山。

さて、Uさんは、どんなふうにして長男の考えを変えればいいのでしょうか。

だれも知らない制度のしくみ

就職したら､厚生年金や健康保険に加入することは、誰でも知っていますよね。

厚生年金は、将来老後のために備える公的年金で、健康保険があれば、医療費がかかったときに、その治療費や薬代の自己負担が三割で済む。

同時に、雇用保険や労災保険にも加入して、もしものときには、それらからも給付が受けられることも大人の常識です。

ところが、社会保険制度とは、いったいどんなしくみで、どういうふうになっているかまで説明できる人は、あまりいないのではないでしょうか。

少しまどろっこしいですが、まずは、そのへんから話を進めていきましょう。

「社会保険」とは、そもそもどういうものなのでしょうか。生活保護などの福祉（公的扶助）や民間の生保・損保などとは、どこがどう違うのでしょうか。

専門的には、以下のように説明されています。

> 病気、ケガ、出産、死亡、障害、失業など、生活の困難をもたらすいろいろな事故に遭遇した場合に一定の給付を行い、その生活の安定を図ることを目的とした保険制度（社会保険庁『社会保険制度』平成21年版より）

われわれの生活は、一見して「安定している」ようにみえても、実は「リスクだらけ」です。

よほど多額の財産のある人でない限り、病気やケガによって働けなくなっただけで、たちまち収入が途絶えて生活に困窮してしまうリスクを抱えています。

そこで、もし、予期せぬ不幸に見舞われたときでも、経済的な打撃が最小限で済むように、あらかじめ、掛け金（保険料）を拠出しあって基金をつくる。そして、困ったときには、その基金からの保険給付によって不幸を最小限に食い止められるしくみが考え出されました。そんな互助会的な組織が、後に、公的な社会保険の制度へと発展していったのです。

1 世界初の社会保険はこうして生まれた

世界で初めて社会保険制度が創設されたのは、19世紀後半のドイツでした。

産業革命によって、急速に工業化を進めていた当時のドイツでは、労働条件が劣悪だったために、労働者の不満はピークに達していました。

炭鉱や生産現場では、労働争議が頻発して、過激な革命を志向する社会主義運動の機運は高まる一方。

そうしたなかで「鉄血宰相」として君臨していたビスマルクは、労働者の福利厚生を推進するための疾病保険、災害保険、年金保険といった制度を次々と導入することで、社会主義運動を封じ込めようとしました。

無料で医者にかかれる幸せ

この政策は、社会主義運動を弾圧するのと並行して行われたため、「アメとムチ」(「利益を与えて懐柔する一方で、力ずくで強制する」)と呼ばれました。

最初に導入された疾病保険(1883年)とは、健康保険にあたるもので、雇用主と労働者で保険料を拠出しあい、ケガや病気になった労働者は、自己負担なしで医者にかかれたり、働けない期間に所得補償をしてくれるという当時としては画期的なしくみでした。

ただし、税金による公的負担はなく、もともと、有志の同業労働者が集まってつくられていた共済組合を国の制度のなかに組み入れることで、より広い労働者にいきわたる制度として発足しました。

小さな共済が個別に保険を運営するよりも、運営ルールを国が定めて、一定の条件に合致した人たちをすべて強制加入させることで、小規模の共済では実現できなかった、より手厚い給付を可能にしたのです。

災害保険（1884年）は、現代の労災保険にあたるもので、保険料は全額事業主負担でした。

苛酷な環境の労働が多かった当時の労働者は、いまと比べて格段に業務上のリスクが高く、労災事故や職業病の発生も日常茶飯事でした。

その責任は本来、使用者サイドが負うべきで、労働者も保険料負担する健康保険と同じ枠組みのなかで適用するのは適切ではないとされ、事業主が保険料を全額負担して、業務上の労働災害にのみ対応した労災保険ができたのです。

唯一、年金保険（1889年）だけは、公費負担が取り入れられました。

長期的に労務不能となった労働者や、労働によって賃金が得られなくなった高齢者を対象に、一定以上の期間保険料を納めることを条件に年金を支給するようになったのです。

この既存の共済を活用した社会保険のしくみは、その後、世界中に広がっていきました。

社会保険の歴史

ドイツ

1883年　世界初の健康保険となった疾病保険法制定

1884年　労災部門を分離した災害保険法制定

1889年　公的年金制度である老齢疾病保険法制定

イギリス

1911年　国民保険法（健康保険と失業保険）制定（失業保険は世界初）

アメリカ

1935年　連邦社会保障法が制定され、失業保険と老齢年金制度を整備

その他

1942年　イギリスのウィリアム・べヴァリッジが『社会保険および関連サービス』（通称・べヴァリッジ報告）を発表。これをきっかけに、世界中で社会保険制度が整備されるようになる。

2 世界中が憧れた社会保障システム

ドイツではじめて創設された社会保険制度のポイントは、次の3点にあります。

①加入者を民間企業の被用者だけに限定した

②運営は、企業や職種別に組織された共済組合の自主に任せた

③保険料は、所得に応じて負担する定率にした

企業に雇用されていない人は適用されなかったり、加入者のなかでも職種や業種によって、負担と給付に格差が出てしまうといった問題点が残されました。

ドイツに後れること20数年後の1911年、時の蔵相ロイド・ジョージによって、健康保険を柱とする社会保険制度を成立させたのがイギリスでした。

制度の基本部分は、ドイツをそっくりまねてつくられましたが、ひとつだけドイツの制度とは大きく異なる点がありました。

それは、保険料を原則として定額にしたこと。定率を採用したドイツ型が「所得の多い人ほど、たくさんの保険料を納めるかわりに手厚い給付も受けられる」制度なのに対して、イギリスのそれは、「所得にかかわらず、均一の保険料を納めて、均一の給付を受けられる」ようにしたのです（ただし、低所得者に対しては、保険料を低く設定し、その差額を雇用主に負担させた。また、法定給付は一律でも、共済組合が独自に行う法定外給付では格差を温存することになった）。

同時に、16歳以上のすべての労働者を強制加入としたり、どの組合にも加入できない人のための受け皿を設けたりと、社会保険の適用範囲を広げたのも大きな特徴でした。

それによって、最低限の生活保障をより広い層に行き渡らせるのが目的でした。

ちなみに、このとき、失業者を多く輩出する産業を強制加入とした世界初の失業保険も創設されました。

ゆりかごから墓場まで

社会保険が、国がお墨付きを与えた民間保険の延長から、本格的な社会保障制度の体系へと進んでいく流れを加速させたのが1942年にイギリスで発表された「ベバリッジ報告」と呼ばれるレポートでした。

これをまとめたウィリアム・ベバリッジは、自助を原則とした社会保険を軸にして、すべての国民を対象とした包括的な社会保障制度を構築し、あらゆる人に必要最低限の生活費を一律に保障するナショナル・ミニマムを提唱しました。

それまで「社会保障」という概念は、まだ世界の多くの国では一般的ではなく、国家がすべての国民に対して、統一的な生活保障のサービスを提供するというその画期的な構想は、2つの大戦で疲弊していた多くの国の人たちに熱狂的に支持されました。

これが契機となって、第二次世界大戦後「ゆりかごから墓場まで」をスローガンとした社会保障制度充実への途を欧米先進国が先を争って歩み始めるのです。

そのような流れの中で、負担と給付がセットになった社会保険は、税金を投入した公的扶助とも密接に連携しながら、そのときどきの国民のニーズに応えるなかで、さまざまなパターンが形成されてきました。

医療に関しては、社会保険方式ではなく、すべての国民が自己負担ゼロで受けられるようにしたイギリスやスウェーデンのように、あえて高負担を選択してでも、高福祉を実現した国があるかと思えば、その一方では、オバマ大統領が就任するつい最近まで、全国民を対象とした公的医療保険が存在しなかった（貧困者と高齢者のみ公的保険の対象）アメリカのように、ほとんどの人は高額な保険料を払って民間の保険に加入するしかなく、医療費のために自己破産者も続出している国もあるのが現実です。

3 日本の公的医療保険の始まりは？

日本の社会保険は、ドイツの〝ビスマルク方式〟をお手本としてつくられたと言われています。それが端的に表れているのが、医療保険です。

企業内共済が健保組合のルーツ

ドイツでは、同業者によって設立された既存の共済組合を国が追認して一定要件に合致した者を強制加入とすることで、社会保険制度の基礎を構築したのと同じように、日本でも、既存の共済組合を国が認可することによって、最初の健康保険制度が1922年（大正11年／施行はその5年後）にできたのです。

といっても、国が認可したのは、ドイツのように産業や職種別の労働者・事業者が横に連帯して設立された組合ではなく、単一の大企業のなかに設立された組合であったのが大きく異なる点でした。

企業内組合の共済に加入した職工は、掛け金を負担する代わりに、医療費のほか、休業補償、死亡時遺族に支給される葬祭費などの給付が受けられるしくみで、一定年数以上勤務した者への退職手当や年金まで用意されていたところもありました。

この共済に、国が法律で定める組合を設立させて、健康保険を運営させたのです。

これが「健康保険組合」（健保組合）と呼ばれる、企業グループ（または同一産業）単位で設立される健康保険のルーツになりました。

いわば、大企業が個別に行っていた従業員に対する福利厚生部分を、国の社会保険制度のなかに組み込む形で日本の社会保険制度はスタートしたわけです。

中小企業向けの国営保険設立

しかし、当時、健康保険組合を設立できるような財政力のある企業は限られていて、健保組合を設立させるだけでは、ひとつのまとまりをもった社会保険の体系を構築できませんでした。

そこで、同時に、国が保険者となって、中小企業に勤務する従業員を対象にした健康保険も設立されました。これが、いわゆる「政府管掌健康保険」(政管健保)と呼ばれるもので、お手本としたドイツにはまったくなかった日本独自のしくみでした。

ちなみに、公務員は、すでに健康保険制度がスタートした頃には、官庁別の共済組合を設立していましたが、健康保険法の適用除外とされました。これは、わざわざ社会保険制度の中に組み込まなくても、健全に運営していけるとの判断からですが、逆からみれば、法律に縛られず独自の給付が可能な余地を残したとも言えます。

以上が「被用者保険」と呼ばれるグループに属し、そのうち公務員の共済を除いた健保組合と政管健保を「サラリーマン健保」と呼んでいます。

医者にかかれず死んでいく

残るは、会社勤めではない人に対する保険です。

当時の日本の貧しい農村や漁村に暮らす住民は、よほど重篤にならないと医者にはかかれませんでした。

衛生状態が良くないため、結核などの伝染病にかかりやすかったのですが、かかってもまともな治療も受けられずに亡くなっていく人も少なくなかったと伝えられています。

そんな農村や漁村の状況を改善するために導入されたのが、国民健康保険です。

健康保険法施行から11年後の1938年(昭和13年)にスタートしたこの制度によって、被用者保険に入れない人でも、とりあえず医者にかかるときには保険が使えるようになりました。

しかし、任意加入だったことに加えて、医療費の自己負担も高かったために、期待されたほどの成果をあげることはできませんでした。

本格的に普及し始めたのは、やはり第二次世界大戦後でした。

ＧＨＱ（連合国司令部）の指導により、市町村公営として再スタートを切ったものの、どこも財政難で休止状態に追い込まれていて、昭和30年代初めには、国民の3分の1にあたる3000万人が無保険状態だったと記録されています。

そこで戦後復興の仕上げが完了しつつあった1957年から、4年かけて、すべての市町村に国民健康保険を整備させる計画が進められることになりました。

その結果、1961年（昭和36年）には、被用者保険に加入していない自営業や農業・漁業に従事するすべての人に加入を義務づける現在の国民健康保険がスタートしました。これによって、国民皆保険が確立したとされています。

日本の医療保険制度の歴史

1922年　健康保険法制定（1927年施行）
・工場労働者、鉱業法労働者を対象
・給付対象は本人のみ（扶養家族は対象外）
・業務上の傷病も給付

1938年　国民健康保険法制定
・農村漁村の住民、自営業者を対象、任意加入

1947年　労働基準法、
労働者災害補償保険法制定
・業務上の傷病は労災保険に分離

1948年　国民健康保険法改正
・市町村公営を原則とした強制加入

1958年　新国民健康保険法制定
（1961年施行）
・被用者保険適用外の全住民に強制適用され、
国民皆保険が実現

4 日本の公的年金保険の始まりは？

日本における年金制度は、医療保険よりも少し遅れて整備されましたが、制度の大枠は戦前に完成し、実際にそれが機能し始めるのは戦後になってからというプロセスは、医療保険とも共通しています。

最初にできたのは、意外なことに、船員を対象とした船員保険でした。太平洋戦争開戦を翌年に控えた１９４０年（昭和15年）、軍の徴用で物資を運搬する船員に対して、それまで敵軍の攻撃によって負傷・死亡しても何の保証もなかったことから、船員に対する年金制度として創設されたのです。

給付内容は、健康保険と年金をセットにしたようなものでした（戦後になると、労災保険と雇用保険に準ずる給付も追加された）。

すでに軍人や役人については、恩給や退職手当が支給される制度は存在しましたが、その財源は全額税金で社会保険方式ではありませんでしたので、社会保険としては、これが最初の制度だったのです。

戦費調達が目的だった年金制度

そんな社会保険方式が一般にも拡大されて、公的年金としての性格を帯びた制度として導入されたのは、戦果の雲行きがいよいよ怪しくなってきた１９４２年（昭和16年）のこと。民間企業に雇用される男性ブルーカラーを対象にした労働者年金保険法が成立。これが１９４４年に、「厚生年金」と改称されて、女性とホワイトカラーも強制加入とされたのが、現在の公的年金制度の基礎となったのです。

もっとも、年金制度は発足しても、当初はほとんど給付が発生することはありませんでしたので、保険料を徴収する機能が整ったにすぎません。徴収された莫大なお金は、戦費にあてられたのではないかと指摘されていますから、国民生活向上のためというよりも、国の財政の事情によってできた制度といえるかもしれません。

給付可能な体系へ

厚生年金が現在のしくみに近い形で整備された、つまり、お金を集めるだけの制度から、実現可能な給付の体系に変わったのは、戦後復興が本格化する1954年（昭和29年）になってからでした。

このときに、支給開始年齢を引き上げたり、適用対象を拡大したり、年金の給付を定額部分と報酬比例部分（所得が多い人ほど納める保険料が高い代わりに、将来の給付額も多くなる方式）に明確に分けたりといった大きな改革が行われ、公的年金としての基本的なしくみがようやく整いました。

公務員については、昭和30年代に、恩給（現役時代に負担なしでも退職後に年金支給）が廃止されると同時に、保険料を負担する共済年金へと切り替えられて、厚生年金と同じような、社会保険のしくみに変わりました。

これによってほとんどの被用者をカバーする公的年金の体系ができあがったのですが、一方で、会社勤めしていない人については、公的年金は何もない状態が長らく続いていました。

遅れてできた国民年金

そこで、生まれたのが国民年金です。ちょうど、農村・漁村に暮らす人向けに、市町村単位で国民健康保険が整備されたのと同じ経緯で、1962年（昭和36年）に、被用者保険に加入できない農業・漁業や自営業を主な対象にした国民年金がスタート。ようやく、すべての国民をカバーする年金制度が整ったのです。

ちなみに、このときの国民年金の掛け金は、月額100円（35歳以上は150円）で、それだけを25年間納めると、月額2000円の年金が支給されるという内容でした（40年加入すると3000円）。当時の大卒初任給が1万6000円程度ですから、それで生活していく年金というよりも、ちょっとした手当程度の額にすぎなかったようです。

定額負担で定額給付

被用者保険である厚生年金が定額部分と報酬比例に分かれていたのに対して、国民年金は拠出する保険料も将来の給付も、均一にしたのが大きな特徴でした。

厚生年金が所得額に比例した部分(報酬比例)があったのとは対照的なもので、どんな人も所得額にかかわらず、同じ額の掛け金を納め、また将来受け取る年金額もまったく同じになるというしくみです。

つまり、報酬比例の厚生年金がドイツのビスマルク型だとしたら、国民年金は、すべての国民に最低限の生活を保証するイギリス型に近いしくみが採用されたといえるのです。

もっとも、そういう理念の元にできたわけではなく、サラリーマンと違って自営業者は、経費の額が一律ではなく、所得を正確に把握するのが困難だったために、仕方なく保険料を所得額にかかわらず一律にしたという事情もあるようです。

こうして、最後まで取り残されていた、被用者年金に加入できない一般住民をカバーする年金制度が確立されたことによって、国民皆年金が達成されたわけですが、しかし、それでもまだいくつかな大きな課題を残していました。

それは、船員向けの船員保険、サラリーマン向けの厚生年金、公務員向けの共済年金と、職域別に異なる年金制度が縦割りに並立することになり、それぞれまったく別な給付体系を持っていたため、それらの間で見逃せないほど大きな格差ができてしまったことでした。

5 公的年金制度の「二階建て」とは？

日本経済がやがて高度成長期に突入すると、サラリーマンの給与は年々アップしていきました。それにつれて被用者年金の給付面は飛躍的に充実していく一方で、国民年金は、なかなかそれについていけませんでした。

せめて、各年金制度に共通したルールを確立することが求められたのですが、それを実現するまでには、まだ20数年という時間の経過を待たなければなりませんでした。

共通基盤の基礎年金を整備

日本の年金制度が、ほぼ現在の体系として完成したのがバブル経済が始まる寸前の1986年のことでした。

このとき、給付体系がまったくバラバラだった各年金制度を、ひとつに統一した枠組みができあがりました。

すなわち、すべての国民を対象とした基礎年金制度を創設して、厚生年金加入者や共済年金加入者（公務員）なども、そちらに統合することになったのです。

基礎年金制度イコール国民年金ですから、厚生年金や共済年金に加入している人は、それらと同時に、国民年金にも二重に加入することになったわけです。

ちなみに、国民年金の世界では、基礎年金のみに加入している人を「1号被保険者」、被用者保険にも加入している人を「2号被保険者」と呼びます。

といっても、厚生年金など被用者年金の加入者は、別に国民年金保険料負担が発生するわけではなく、これまで定額部分として徴収していた部分が、そのまま基礎年金に移行しただけですから、実質的な負担は、何も変わりませんでした。

これによって、被用者年金は、基礎年金部分の上に、それぞれの年金制度が独自に持っていた比例報酬部分が乗っかる形になりました。

日本の年金制度が「二階建て」と呼ばれるのは、そのためです。

なお、このとき、これまで任意加入だった専業主婦も国民年金に強制加入となったのですが、なぜかその層だけは、保険料納付義務は免除される「3号被保険者」という区分ができたのも大きく変わった点のひとつです。

日本の年金制度の歴史

1942年　労働者年金保険法施行
・男性現場労働者のみ加入

1944年　厚生年金保険へと名称変更
・事務職の男女に適用範囲拡大

1954年　厚生年金保険法改正
・報酬比例部分と定額部分に別けて給付

1962年　国民年金法施行
・国民皆年金が実現

1986年　年金関連法大改正
・年金制度を統合し、国民年金を基礎年金にした二階建て年金制度が確立

6 日本の労働保険はこうして生まれた

医療保険と年金が、民間企業の福利厚生とも密接に関係しながら、職域別に縦割りで発達してきたのとは対照的に、最初から統一したひとつの公的制度としてスタートして現在に至っているのが、労災保険と雇用保険です。

ちなみに、厚生年金と健康保険を狭義の「社会保険」（略して社保）と呼ぶのに対して、労災保険と雇用保険の2つを総称して「労働保険」と呼びます。

まず、労災保険（労働者災害補償保険）からいきますと、1947年に労働基準法が制定されたことに伴い、労働者が業務上のことが原因で、病気やケガをしたり、亡くなった場合に補償が受けられる制度として創設されました（ただし、保険料は全額事業主負担）。

いったいなぜ、そんな保険が必要だったのでしょうか。

すぐに補償される労災保険

労働災害が起きたとき、労働者が使用者の責任を追及するために裁判など法的措置をとるなどした場合、時間ばかりかかってなかなか補償を受けられない不都合が起きてしまいます。また、使用者サイドに明らかな過失が認められなくても事故が起きることもありえます。

そこで、労働者が使用者の故意や過失を証明しなくても、労働者は単に業務上の災害であることだけを証明すれば補償を受けられることが労基法に規定されたのですが、その補償を使用者に確実にかつ迅速に行わせるため、国が保険者となった労災保険という社会保険をつくったわけです。

給付としては、業務上の負傷や病気によって仕事を休んだときの休業補償のほか、その治療費、障害を負ったときの補償、亡くなったときの遺族補償などです。

適用範囲は次第に拡大され、１９７２年（昭和47年）からは、労働者を雇用するすべての事業所が強制加入となりました。

職を失う「事故」を補償

「労働保険」と呼ばれるもうひとつの保険が雇用保険です。

労働者が失業して無収入になることを「事故」とみなし、あらかじめ保険料を納めた人がその事故に遭遇すれば、再就職までの期間所得補償が受けられるという保険です。

失業した人の生活を支援するための社会保険制度は、第二次世界大戦前から、すでにヨーロッパの国々で広く導入されるようになっていましたが、日本では、戦後になるまで、そのような制度は、なぜか存在しませんでした。

雇用不安が極度に高まっていた第二次世界大戦後間もない１９４７年になって、日本でも初めて失業保険法が施行されました。

対象は、民間企業のサラリーマンのみ（これは現在も変わっていない）で、当初は、６カ月加入した人は、退職理由はもちろん、年齢や保険料を納めた期間にも一切かかわりなく、一律に１８０日分の手当がもらえるしくみでした。

その後は、ほかの社会保険がたどったのと同じように、強制適用対象を拡大する一方で、そのときどきの実情に合うにように、支給要件の見直しが行われて、今日にいたっています。

ちなみに、昭和49年の法改正時に、在職者向けの給付が追加されたために、法律が失業保険法（失業した人だけを対象）から雇用保険法（雇用されている人を対象）と変わったために、現在は「失業保険」ではなく、「雇用保険」と呼ばれています。

7 社会保険が生んだ3つの階層とは？

日本における社会保険制度は、一見、いたって公平なようにみえても、中身を深く研究してみると国民の間に、明らかに「階級社会」と呼びたくなるほどの格差をつくりあげていることに気づかされます。

具体的には、以下の3つの階層に分けて説明することができます。

① 最低保障グループ

自営業者や短時間労働者など、被用者保険に加入できない人のグループです。

このグループに属する人は、医療保険は、国民健康保険に加入し、年金は、国民年金に加入する〝国年国保〟が基本です。どちらも、すべての国民に社会保険に加入させるためにできた制度ですので、基本的な給付しか受けられません。

その分、負担する保険料が低額で済むかというと、決してそうではありません。

第一に、保険料は全額自己負担です。サラリーマン健保とまったく同じ料率の国民健康保険に加入している人なら、サラリーマンの二倍の保険料を払うことになります。

国民健康保険は、市町村によって保険料に大きな差があり、財政状態の良くない市町村に住んでいる人は、びっくりするくらい保険料率が高く設定されているのが現実です。

保険料の算定方法でも、サラリーマン健保が世帯主のみ負担で、扶養家族は無料なのに対して、国民健康保険は、世帯全員の均等割と所得割がかかるなど、不利な点をいくつもみつけられます。

年金面では、毎月、定額の国民年金を納めますので負担は軽いと言いたいところですけれど、厚生年金に加入するサラリーマン世帯が、3号被保険者として位置づけられている、扶養配偶者（専業主婦）の保険料を1円も納めなくても満額納めたことと扱ってくれるのに対して、国民年金に加入する世帯は、扶養配偶者の分も当然納めなければなりません。

なお、労働保険（労災保険と雇用保険）は、原則として会社に雇用されていない人は加入できませんし、雇用されていても、非正規で働く人は、加入しづらいのが実情です。

負担は軽くないにもかかわらず、最低限の給付しか受けられないグループと言えるでしょう。

②標準保障グループ

医療保険は、政府管掌健保（現在は、都道府県単位の協会けんぽに移管）に加入し、年金は、厚生年金に加入する、中小企業に勤務する人たちのグループです。

厚生年金、健康保険、雇用・労災保険すべてに、入社と同時にフル加入でき、たとえ福利厚生があまりない零細規模の会社に勤務する人であっても、サラリーマンであることのメリットを最大限に享受できるのがこのグループの特徴です。

保険料負担そのものは、決して軽いとは言えませんけれども、最低保障グループとは決定的に異なるのが保険料の半額を勤務先の会社が負担してくれているところです。

サラリーマンは、社会保険料の会社負担分だけ余分に報酬をもらっている、とみることもできますが、その分には税金はかからないという隠れメリットがあるのです。

また、扶養配偶者の年金保険料や扶養家族の健康保険保険料が無料になるなどの特典を受けられます。

給付面では、国民健康保険にはない、長期間労務不能になったときの傷病手当金の給付が受けられたり、さらには、これまた国民年金にはない厚生年金独自の生命保険機能がついてきたり、定額の基礎年金に加えて、比例報酬部分の年金が付加されるといった点が大きなメリットでしょう。

③上乗せ保障グループ

健康保険組合などを独自に設立している大企業系列に勤務する人及び、共済に加入している公務員が属するグループです。

このグループは、外からはわからないの特典をたくさん得ています。

第一に、大企業系列が設立した健康保険組合の場合、その大半は保険料の負担率を中小企業向けの協会けんぽ（旧・政管健保）よりも、かなり低く設定されています。その実態は、ほとんど世間一般には知られていません。

一方、給付面では、健康保険組合が独自に定めた法定外給付を設けているところが多く、たとえば、病気やケガで休業している期間支給される傷病手当金が法定では、最長1年半支給のところを、それよりも長く2年以上支給されたりします。

企業年金の決定的なアドバンテージ

日本の公的年金は、基礎年金の上に厚生年金や共済年金が乗っている二階建方式と言われますが、大企業になると、さらにその上に企業年金が乗っている三階建て部分を持っているのが大きな特徴です。

厚生年金を受給する標準的な夫婦世帯の年金が月28万円程度なのに対して、企業年金の上乗せのある世帯になると、その二倍近い月40～50万円も受給していることもめずらしくありません。

ちなみに、公務員が加入する共済年金にも「職域加算」と呼ばれる三階部分が存在し、企業年金のある大企業と同じく、世間一般の水準よりもはるかに高い給付を実現していることもつけ加えておきます。

8 日本の社会保険が持つ最大の欠陥とは？

日本では、かつて大企業が社員向けに実施していた民間の福利厚生部門を、公的な社会保険を運営する機関（健保組合や厚生年金基金）として追認したことから始まっていると先述しました。そして、そこからこぼれた人を救済するための国の制度を整備することによって、国民皆保険・皆年金を実現しているのです。

そのような経緯があったため、保険事故の発生率が低く、比較的財政状態がよいグループに属する人ほど、より軽い負担で手厚い給付が受けられるという格差をつくってしまいました。

お金持ちほど負担が低い不公平

医療保険からみていきますと、ざっくり言って、最低保障グループの負担をもし10とするならば（国保が高い市町村）、標準保障グループは、その半額の5になり、さらに、上乗せ保障グループになると、3とか2・5の負担で済むようなしくみになっています。

これは、だれがどうみても、明らかに不公平です。保険料を低く設定しているのは、給与を余分に払っているのと同じことです。

大企業が自社の社員に高い給与を払うこと自体は、たいへん結構なことです。その分、税金など公的な負担をより多くしてくれれば、それでよいのですから。

ところが、現状では、高い所得を得ている人ほど、負担率が低くなっている大きな矛盾を抱えています。

所得額が高くなるにつれて税率も高い累進課税どころか、その真逆で、年収100万円の人が10パーセント負担なのに、年収1000万円の人が3パーセント負担で済むというようなおかしなことが医療保険の世界では、現実にまかりとおっているのです。

公的優遇で私腹を肥やす企業年金

年金に目を移すと、所得の多い人や単身者は、計算上の基礎年金負担の割合が大きく、ときどき「厚生年金加入者は、国民年金未納者のツケを払わされているのは不公平だ」という声があがりますが、所得の多い人ほどベースとなる部分の負担率も高くなるのは、「みんなで支え合う」社会保障の理念から言えば、当然のことです。

むしろ、ヘンなのは、企業年金の制度ほうです。

企業年金が、純粋に私的な退職給付として運営されているのでしたら、まったく問題ありません。しかし、公的年金としての優遇措置を受けながら、高所得者が私的部分の保障を充実させているとしたらどうでしょうか。「公的部門では基本的な生活保障のみ提供し、余裕のある人は、足りない分を私的な保険でカバーする」というイギリスのベバリッジが提唱した社会保険本来の原則からも明らかに逸脱しています。

つまり、上乗せ保障グループに属する人は、結果として、〝課税されない給与〟をたくさんもらっているわけで、このカラクリに気づくと愕然としてしまいます。

唯一、どんな人にも共通の負担と給付ルール適用なのが労働保険なのですが、これも現実は、必ずしも公平に運営されているとはいえません。

リーマンショック直後、職を失ったとたん、何のセーフティーネットもなく、寒空の下にほうり出された工場派遣労働者が大量に出たのをみてもわかるように、非正規労働者というだけで、社会保険の最低限の保障すら受けられない現実がありました。

幸い、ここへきて、かなり運用面では改善されてきたとは言え、いまだに、勤務時間数が少し足りなかったり、契約期間が短いというだけで、労働保険に加入手続きされない人がいます。その点は、明らかに日本の社会保険制度が持つ欠陥と言えるでしょう。

9 制度激変時代における理論武装のススメ

急激に進展していく少子高齢化や医療費負担の増大に対応するため、勤労者の社会保険料負担は、このところ毎年のようにアップしています。

また、現在の給付水準を維持していくために、毎年巨額の税金が投入されていて、この状態が長引けば、日本の国家財政は、やがて社会保障費の増大によってパンクするのではとさえ言われています。

消費税を数パーセント値上げするのに、何年も空虚な議論を続けているうちに、社会保険料はどんどんアップしていきましたが、国民の多くは、それも仕方ないと、ひたすら「痛み」に耐えてきました。

そんな一方で、年金や雇用保険などの資金で全国各地に建設したハコモノ（私のしごと館など）が赤字を垂れ流したあげく、二束三文で民間に売却されたり、社会保険事務所が職員の福利厚生のためにマッサージ器を買っていたり、「消えた年金」と呼ばれる年金記録の杜撰な管理の実態が浮かびあがったりといった不祥事がつづき、「もうお役人には任せておけない！」となったのはまだ記憶に新しいところです。

ボイコットすると余計に大損？

しかし、だからといって、「ワリの合わない社会保険なんてやめてしまえ」と考えるのは、いかにも早計です。

「最低保障グループ」に属する人であっても、ほかの2グループとの比較ではソンな面も多いのですけれど、それでも、税金が投入されているだけに、民間の保険とは比べものにならないくらい有利にできているのは確かなのですから。

そもそも、社会保険は強制加入ですから、自分の意志で脱退することはできません。

自営業や非正規で社保なし勤務の人は、国民年金保険料を未納にすることは、実際には可能ですけれど、それこそ大損な選択肢と言えるでしょう。

なぜならば、未納でトクしようと思っている人でも、厚生年金に加入する期間が何年かはあるはず。

年金は、どこかの公的年金に加入して保険料を払っていた期間が通算25年に達しないと、それまで掛けてきた保険料は、すべてドブに捨てたのと同じことになってしまいます。

「国よりも民間が安全」は大ウソ！

「民間の個人年金のほうが安全で安心」も、大ウソです。生命保険会社は大量の国債を保有していますから、国が財政破綻しそうになったときには、民間生保のほうが先に危なくなるでしょう。

現実に、1990年代後半、「危ない」と噂されていた生保がいくつか破綻しています。


さきざまな矛盾が表面化するなか、いずれ、制度設計の根本からやり直す大改革が行われるのは、間違いないでしょう。

そのときに、必ず起きるのが「過去に払っていない人と払った人を同じに扱うのは不公平」という声。「年金制度は、いずれ崩壊するに決まっている」と勝手に決めつけて行動した人は、改革された新しい制度のもとでも大きな不利益を被りかねません。

われわれ一般庶民にできるのは、正しい社会保険の知識を身につけ、それをもとに、自分がソンをしないようにうまく立ち回ることしかありません。

と言っても、大げさな話ではなく、ほんのちょっとした知識によって、立場が大きく変わってくるのです。

次章以降では、そのための知識とノウハウをみっちり解説していくことにしましょう。

第2章 健康保険編

100万円の医療費が自己負担8万円で済む公的医療保険

序 “安心生活”は、夫の小遣いから捻出?

2章のストーリー

外食チェーン本部に勤務して店舗開発の仕事をしているHさん（38）は、このところ出張が多く、運動不足で食事も不規則なためか、すっかり体調を崩してしまいました。

そんなある日、奥さんから「いまのうち、保険に入っておかなきゃあ。ほら、これなら安いのよ」と、最近よくテレビでCMを流している外資系医療保険のパンフレットをみせられました。

「いや、ウチ生命保険も結構大きなの入ってるし、これ以上保険なんて入る必要ある?」と反論したものの、こう言い返されてしまいました。

「何言ってんのよ。ガンで入院して手術でもしたら、いったいいくらお金がかかると思ってるのよ！100万円とかじゃあ済まないかもよ。その点これに入っておけば、これだけ出るのよ。あなたのお小遣い削ってでも入るべきでしょ?」

「うーん、そうだね……」

無駄な保険カットの基礎知識

生命保険もそうですが、民間の医療保険に加入するときには、まずはそのベースとして公的保険でどの程度カバーできるかを知っておかねばなりません。

そして、そのベースだけでは足りない部分のみ、民間の保険でカバーするのが効率的なのですが、ほとんどの人は、公的な保障がどこまでカバーしてくれるのか知らないまま民間の保険に入るため、必要以上の保険に入りがちです。

たとえば、Hさんの奥さんが心配しているような「入院して手術したら100万円以上かかる」というのは、完全な杞憂でしょう。

なぜならば、すべての公的医療保険には、「高額療養費」と言って、医療費の自己負担が一定額（一般的には8万100円プラスアルファ）を超えた場合、その超えた額を全額給付してくれる制度があるからです。

もし、Hさんが加入しているのが付加給付のある組合健保なら、自己負担の限度額はもっと下がって、1カ月2～3万円を超えた自己負担分は、すべて戻ってくるでしょう。

ですから、民間の医療保険に加入するときには、自分が加入している公的医療保険の給付内容とそれらの支給要件をよく研究するのが先決です。

また、将来的に、失業や転職、独立開業などによって、加入する公的医療保険の種類が変わったときにどうなるのかまで知っておく必要があるでしょう。

そこで本章では、複雑怪奇な公的医療保険のしくみをわかりやすく解説していきます。

1 「健康保険」3タイプの違いはどこにある？

あなたは、自分がどんな公的医療保険に加入しているか把握していますか？

ただ「健康保険に入っている」という認識だけで、意外に、どれに加入しているかまで覚えていない人もいるかもしれませんので、主な保険制度を整理しておきましょう。

① 自営・非正規向けの「国民健康保険」

●特徴と対象

公的医療保険のなかでも、いちばんベーシックなタイプです。略して「国保」と呼びます。原則として、国民年金とセットで加入することになっています。

対象は、被用者（「雇われている人」という意味）保険に加入しないすべての人です。もともとは、街の商店主などの個人事業主や農家などの地域住民を主な対象としていた保険だったのが、1990年代後半以降、社保に加入できない非正規労働者が大量に加入するようになり、いまは、必ずしも「自営業者向け」とは言えなくなっています。

なお、会社を辞めて一時的に失業した人も、原則として、再就職するまではこの保険に加入します。

●保険料

サラリーマンのように会社負担がないため、全額自己負担です。市町村によって保険料は大きく異なりますので、高いか安いかは、住んでいる市町村次第です。

●医療費の自己負担

かかった医療費の3割です。

●給付

「法定給付」と呼ばれるベーシックな給付のみです。

手続きは、市区町村の国民健康保険窓口で行います。

② 中小企業社員向けの「協会けんぽ」

●特徴と対象

かつては「政府管掌健保」（政管健保）と呼ばれていた、健康保険組合を設立していない企業（主に中小零細）に勤務する人向けの公的医療保険が全国健康保険協会管掌健康保険（協会けんぽ）です。

社会保険庁の解体に伴い、２００８年10月1日以降、国から全国健康保険協会に運営が移管されたため、名称が「全国健康保険協会管掌健康保険」（通称・協会けんぽ）に変わりました。

国が一元管理していた健康保険の制度を、新たに設立された民間職員による非公務員型組織に委託し、民間のノウハウを取り入れてサービスの向上をはかるとされています。

現在は、都道府県ごとに設立された協会けんぽ支部が各地域の実情に合った運営を行っています。原則として、厚生年金とのセット加入です。

●保険料

勤務先の会社と折半で負担します。料率は、都道府県によって異なりますが、全国平均では、９・５０パーセントです。

労働者はこの半額負担ですから、5パーセント弱となります（40歳～64歳までは、介護保険料１・５１パーセントの半額がプラスされて、５・５パーセント前後になる）。

●医療費の自己負担

初診時のみ数百円の定額制で再診無料だったのが、１８８０年代前半に1割負担へ、１９９７年からは2割負担へとアップしていき、２００３年以降は、国保と同じく3割負担となりました。

●給付

傷病手当金や出産手当金など、国保にはないオトクな手当がいくつかあります。

手続きは、厚生年金と共通の書類が多いため、勤務先の会社を通じて、各地の年金事務所（旧・社会保険事務所）で行います。

③大企業社員向けの組合健保

●特徴と対象

自社の系列企業グループ（または同業種の企業）が多数集まって設立された健康保険組合が運営している健康保険が組合管掌健康保険です。

略して「組合健保」と呼びます。協会けんぽと同じく、厚生年金とセット加入です。

対象は、主に大企業とその系列に勤務するサラリーマンです。

財政的に余裕のある組合が多いため、公的医療保険のなかでも、最も有利な給付を実現しています。ただ、ここ数年、高齢者医療費の拠出金負担の急増や、被保険者の給与の減少などによって赤字に陥るところが続出しており、なかには解散して、協会けんぽに移行するところも出てきています。

●保険料

勤務先の会社と折半で負担するのが原則ですが、なかには、3分の2を会社が負担してくれて、本人負担は3分の1のところもあります。

保険料率は、法律で定められた一定の範囲内において、健保組合それぞれが自由に決められることになっているため、大半の健保組合では、協会けんぽよりも低く設定されています。自己負担は、3パーセント台にしているところもあります。

●医療費の自己負担

過去の推移は、協会けんぽ（政管健保時代）と同じく、1割負担、2割負担とアップしてきており、現在は、ほかと同じ3割です。

ただし、月に一定額（2～3万円）を越えた分については後から負担してくれる「一部負担還元金」制度をもっている健保組合も少なくありません。

●給付

協会けんぽと同じく、傷病手当金や出産手当金など、国保にはない手当があるうえに、独自の「付加給付」が用意されています。

一例を挙げると、協会けんぽの傷病手当金は、休業前賃金の3分の2を最長1年半支給するのに対して、組合健保になると、手当が10パーセント上乗せされたり、支給期間についても、給付満了から1年間延長という手厚い給付を実現しているところもあります。
手続きは、勤務先の会社を通じて、健保組合の事務所で行います。

これらのほかにも、船員保険、公務員の共済組合（医療保険にあたるのが「短期給付」）、同業種の組合員が集まって設立された国民健康保険組合などもありますが、そのいずれも特殊な形態ですので、ここでは省略します。

なお、公務員の共済組合は、健保組合とほぼ同じような内容ですので、そのひとつのバリエーションととらえてもいいでしょう。

また、75歳以上の人は「後期高齢者医療制度」に加入することになっています。その点は6章で解説しますので、そちらを参照してください。

公的医療保険の種類と特徴

保険の種類			運営団体（保険者）	加入対象
被用者保険	健康保険	全国健康保険協会（協会けんぽ）	国	主に中小企業で働く会社員と、その扶養家族
		組合管掌健康保険（組合健保）	健康保険組合（大企業グループや同業種企業が集まって設立・運営）	主に大企業で働く会社員と、その扶養家族
	船員保険		国	船舶の船員と、その扶養家族
	共済		各種共済組合	国家公務員、地方公務員、私学教職員、独立行政法人職員などと、その扶養家族
地域保険	国民健康保険		市区町村	75歳未満の自営業の人や、被用者保険に加入していない人

※75歳以上対象の後期高齢者医療制度については6章を参照

2 〝均一料金〟と〝7割給付〟は公的保険の基本

では、公的医療保険に加入している人は、具体的にどんなメリットがあるのでしょうか。ここからは、具体的な給付内容を細かくみていくことにしましょう。

① 医療費の7割を負担してくれる

本人・家族（被扶養者）ともに、原則として、かかった医療費の7割を保険者が負担してくれます。これを「**療養の給付**」と呼びます。医療機関を受診したときには、その場で3割を払えば、残りの7割は、保険から直接医療機関に支払われるしくみです。

現金給付ではなく、あくまで「診療」行為という現物給付が原則です。これは、ドイツで最初に健康保険制度が始まったとき、加入者は、健康保険組合（疾病金庫）に雇われた医師の診療を受けていたことに由来しています。

保険診療の隠れたメリットは、あらかじめ診療内容ごとに報酬の点数が決まっていて、保険医療機関ならどこでも、まったく同じ診療報酬が適用される点です。

これが保険を使わない自由診療になると、医療機関が、文字通り〝自由に〟料金を設定できます。レストランや寿司屋が「ウチは一流店だから」と高い値段をつけるのと同じように、病院も、自由診療ならば、ちょっとした風邪や腹痛で受診した場合でも、何万円もの診療費を請求したって、ぜんぜんかまわないのです。

したがって、保険診療というだけで、どこでも医療費が均一になるメリットがあるうえに、保険で7割を負担してくれるわけですから、ダブルで負担が軽減されていると言えるでしょう。逆からみれば、保険診療の何倍もの医療費がかかる無保険状態がいかにコワイかということです。

なお、小学校に入学するまでの子供については、例外的に、自己負担が2割となっています。これも、すべての公的医療保険共通です。

ちなみに、子供の医療費が無料になっているのは、市町村が独自に残りの2割の自己負担分を補助してくれているためで、地域によって、その対象年齢（小学生までや中学生まで）は異なります。

② 保険証がなくても あとからお金が戻ってくる

旅行先で急に医者にかかることになったものの、保険証を持っていくのを忘れて困ったというような経験はありませんか？

そんなときは、とりあえず保険証なしの受診で全額自己負担しておいて、あとで保険に請求すると、その7割が戻ってきます。それが「**療養費**」です。「療養の給付」が、診療という現物給付だったのに対して、「療養費」は現金給付が行われるのが特徴です。

やむをえない事情で、保険指定ではない医療機関を受診したときでもこの制度の対象となることも知っておくと便利です。

日本国内では、保険が適用されない医療機関はほとんどありませんが、海外なら話は別。海外旅行中に病気やケガをして、医者にかかった場合、あとで申請すると療養費が支給されるのです。ただし支給額は、規定（日本で保険診療をした場合の費用と、実際にかかった費用のどちらか低いほうなど）に基づいて計算されるため、必ずしもかかった費用の7割が支給されるわけではないことは、覚悟しておきましょう。

なお、国内においても、接骨院や整骨院は、医師の同意があったり、応急措置が必要な場合（外傷性の骨折や捻挫など）に限って、保険が適用になります（はり、きゅう、マッサージも同じ）。

そのとき、かかった費用は、療養費として一度自分で立て替えるのが原則ですが、実際には、保険者と受領委任を締結（患者に代わって請求）しているため、「療養の給付」と同じく、その場で3割だけ負担すればよいことになっています。

3 64万円が8万円で済む「高額療養費」とは？

入院すると、病気やケガの程度によっては、結構高額な費用がかかってしまいますね。ほとんど貯金がなく、毎月カツカツで生活している人にとっては、「えっ、そんなに払えないよ～」と泣きが入ってしまうことになりかねません。そんなときに絶大なる威力を発揮する、入院時のありがたい給付をみていきましょう。

③食費を出してくれる

病気やケガで入院すると、医療費のほかに食事代がかかるのですが、その分についても保険がめんどうをみてくれるのを知っていますか？

「**入院時食事療養費**」として、一食につき260円（一般の人）のみ負担すればよく、それを超えた分は、すべて保険から医療機関に直接支払ってくれるようになっています。

1日3食でも1000円に満たない自己負担で済むのですから、その部分に関しては、自宅で療養するよりも、安く済むかもしれません。

④8万100円以上は払ってくれる

数ある給付のなかでも、とりわけ心強いのが「**高額療養費**」です。

本章の冒頭で、Hさんの奥さんが「もし入院～手術となったら、100万円以上の費用がかかる」と心配していましたが、実際には、高額な医療費がかかったとしても、一定限度額を超える分については、申請するとあとでちゃんと戻ってくるようになっています。

この制度で設けられている自己負担限度額は、1カ月の医療費が8万100円プラス、かかった総医療費（保険適用前の額）から26万7000円を引いた額の1パーセント（一般の場合）。

要するに「1カ月間に、約8万円と総医療費の1パーセントを超えた額だけ自己負担しなさい。あとは、いくら高くても、すべて保険でめんどうみてあげますよ」という太っ腹な制度になっているわけです。

では、この制度を使うと、具体的にどのくらいの自己負担額で済むのでしょうか。

胃ガンで36日入院したAさん（35歳）は、入院時の食事代も含めて、約254万円もの医療費がかかりました。自己負担は、入院月が約64万円、翌月が約10万円と、保険を使っても、まだおそろしく高額です。

ところが、高額療養費の適用を受けると、8万100円と、26万7000円を控除した総医療費の1パーセントとを足した額が自己負担限度額となります。

その結果、入院月54万円、翌月1万6000円があとで戻ってきて、最終的な負担は、入院月約10万円、翌月8万4000円で済む計算になります。

200万円もの医療費がかかっても、18万円程度負担すれば大丈夫なんですね。

⑤ 世帯単位で合算できる「合算高額療養費」

運が悪いときには、「泣きっ面にハチ」と言いたくなるような場面に遭遇することがあります。

たとえば、一家のお父さんが病気で入院中に、娘が交通事故で骨折してしまったりすると、トータルでは結構な額の医療費負担になるのに、高額療養費の支給対象にはならないケースも出てきます。

高額療養費で設定されている法定限度額は、あくまで1カ月あたりの1人分の医療費を元に算出されるため、家族のなかで複数の人の医療費がかかったとしても、それぞれが法定限度額以内であれば、1円も給付されないからです。

しかし、家計負担が重いのには、変わりありませんよね。

そこで、用意されているのが「**合算高額療養費**」なる制度です。

高額療養費とは？

医療機関や薬局の窓口で支払った額が、1カ月（月の初めから終わりまで）に一定額を超えた場合、その超えた金額を支給する制度。ただし、入院時の食費負担や差額ベッド代等は対象外。

例）医療費が100万円かかって、そのうち30万円を負担した場合

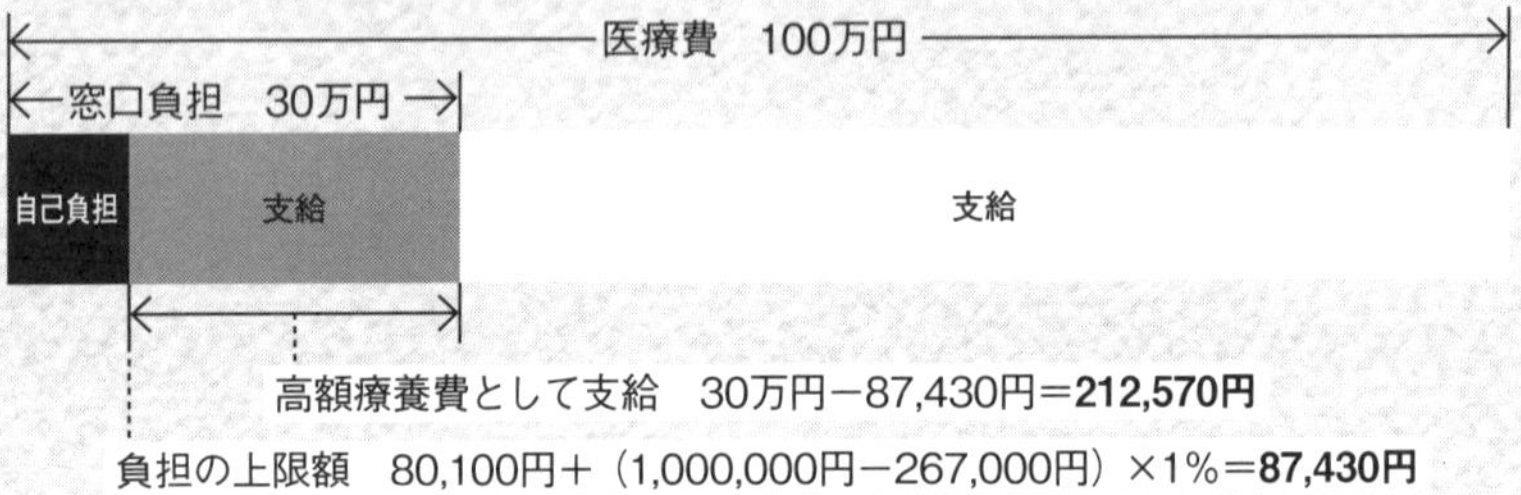

212,570円が高額療養費として支給され、実際の自己負担額は87,430円となる。

自己負担限度額の計算方法

70歳未満の場合、負担の上限額は、以下の計算式によって求める（70歳以上は6章参照）。

所得区分	1か月の負担の上限額
上位所得者（月収53万円以上）	150,000円＋（医療費－500,000円）×1％
一般	80,100円＋（医療費－267,000円）×1％
低所得者（住民税非課税）	35,400円

これは、同じ世帯のなかで、ひとり、1カ月、各病院で、2万1000円以上の医療費がかかる場面があった場合に、世帯で合算した負担額が高額療養費の法定限度額を超えていれば、その超えた分があとで支給されるというもの。

つまり、ひとりでは、8万100円プラス控除後総医療費の1パーセントを超えてなくても、同じ時期にほかの家族が2万1000円以上の医療費を払っていたら、その分も合算して計算してもいいですよ、という制度になっているわけです。

これなら、「泣きっ面にハチ」なときでも、多少は救われますね。

なお、この「合算高額療養費」制度には、直近の1年間に何度も高額療養費の対象になるケースがあったときには、4回めから、自己負担限度額が4万4400円と、さらに軽減される「多数該当」の特例があることも、この際にぜひ覚えておいてください。

⑥ 高額のお金を一時的に立て替える必要ナシ

高額療養費の制度を活用すると、ありがたいことに、限度額を越えた分はすべて戻ってくるとはいえ、一時的にしろ、月64万円ものお金を立て替えるのは大変です。かといって、カードローンで借りたらバカ高い金利を取られてしまいます。現金がなければ、安心して入院もできないのでしょうか?

もちろん、そんなことはありません。「**高額療養費貸付**」という制度があるからです。

入院して手術したときなど、医療費が高額になって、その支払いが困難な場合に、高額療養費支給見込み額を上限として、公的保険制度が無利子で必要な額を貸し出してくれるのです。

「地獄にホトケ」とは、まさにこのこと。最低自己負担の限度額分だけもっていれば、生死にかかわる大病をしたときでも、お金の不安なしに治療に専念できます。

それなら最初から、限度額分だけ払って、残りは保

世帯合算の特例

一人一回の窓口負担では、高額療養費の支給対象とはならない場合でも、複数回の受診や同じ世帯のほかの家族（同じ保険に加入）の受診について、窓口でそれぞれ支払った自己負担額を1か月（暦月）単位で合算することができ、その合算額が一定額を超えたときは、超えた分を高額療養費として支給してくれる。ただし、合算できるのは、2万1000円以上の自己負担のみ。

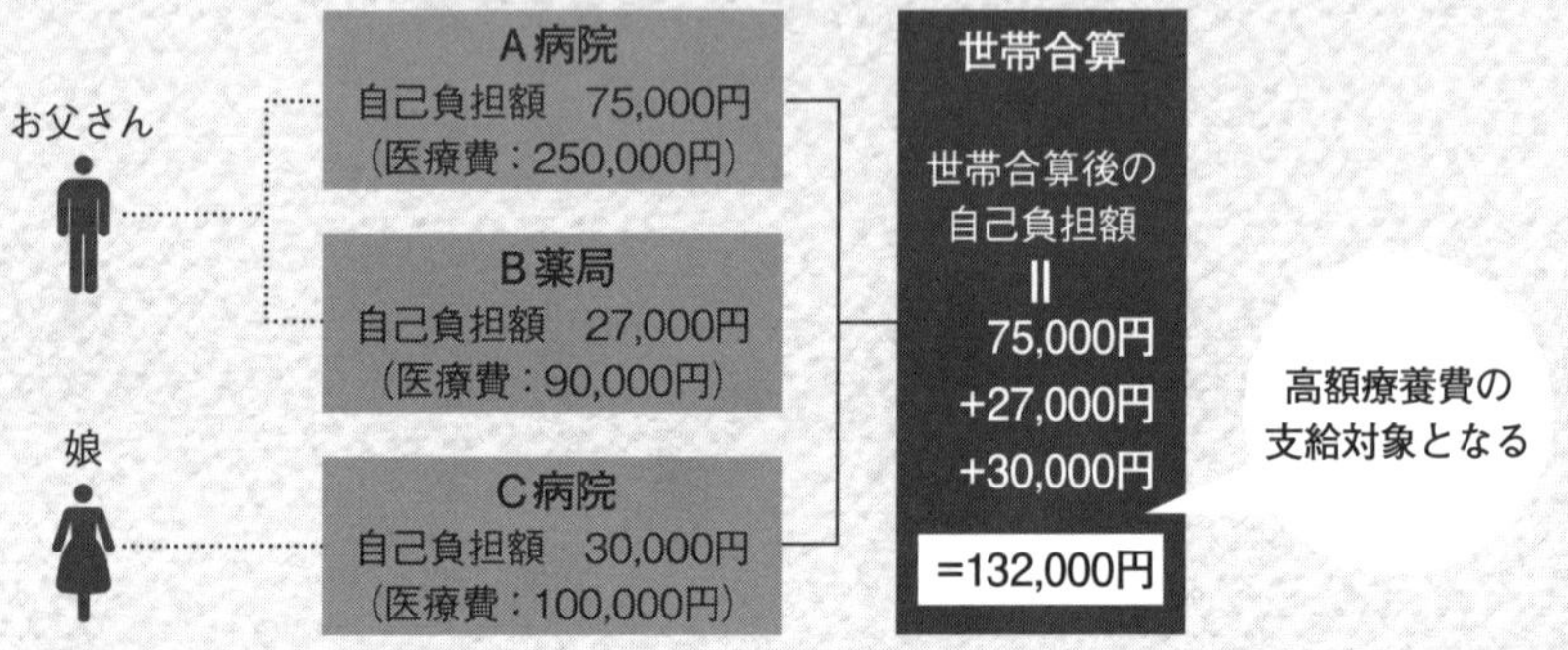

険から直接医療機関に支払ってくれれば、立て替える必要などなくなるのにと思う人もいるかもしれません。

実は、いまはそれも可能になっているんです。

「**高額療養費受領委任制度**」というのがそれ。

入院するときに、あらかじめ医療機関に「限度額適用認定証」を提出しておくと、入院時に支払う額が、高額療養費の自己負担限度額までとなります。その限度額を超えた分については、保険からあとで医療機関に直接支払われるという流れです。

かつてはそんな制度は一切ありませんでしたので、一時的にしろ、高額な医療費を立て替えなければいけませんでした。いまや、そんな心配がほとんどなくなったのですから、いやぁ、ホントに至れり尽くせりになりましたねぇ。

4 保険適用されない治療をしたらどうなる？

歯医者さんで、歯の治療を受けると、「これは、保険がききません」と言われることがたまにありますね。

また、大学病院などで行われる、まだ有効とは認められていない治療や新薬の投与も、保険がきかない診療の典型例です。

そうした「保険のきかない」治療をしてもらったときには、自由診療となって、医療費は全額自己負担になるのは、誰でも知っているでしょう。

では、保険のきく基本的な治療に、ほんの少しだけプラスして、保険のきかない治療をしてもらったときはどうなるでしょうか？「保険のきかない」オプション部分のみ自己負担すればいいように思えますよね。

ところが、保険診療に自由診療が少しでも入る（混合診療と呼ぶ）と、その治療全体が、すべて自己負担になるんです！


つまり、通常の保険の範囲内で入院して手術した人が、少しでも保険のきかない治療を受けようとしたら、本来保険のきく部分も含めてすべて自己負担となって、何百万円もの費用がかかるかもしれないのです。これは一大事です。

これでは、ガンなどで最先端の治療を受けられるのは、一部のお金持ちだけで、一般人は、たとえ回復する見込みのある治療法が存在しても、諦めなければならないという理不尽なことが起きてしまいます。

⑦ 国が認めたら、「混合」でも保険の対象

そこで、用意されているが「**保険外併用療養費**」という制度です。

これは、国が「評価療養」（先端医療など）または「選

定療養」（特別なサービス）と認めたものに限っては、保険診療と保険外診療を併用できるようにした制度。つまり、通常の治療と共通する部分については保険の対象となるため、保険のきかない部分についてのみ全額自己負担すればよいことになります。

たとえば、歯医者さんで前歯を治療するとき、特殊な素材（金合金など）を希望すると、保険がきかなくなってしまいますが、保険がきく材料との差額だけ全額自己負担すれば、そのほかの部分については、保険が適用されるのです。

興味深いのは、「200床以上の病院の未紹介患者の初診」が「選定療養」のなかに含まれていること。紹介状を持たずに、いきなり大学病院などへ行くと、初診料として余分にお金（1000円～5000円）を取られてしまうのも、「保険外併用療養費」のひとつなのです。つまり、むやみに大病院へ行くのを抑制するためにも、この制度が使われているのです。

保険外併用療養費とは？

保険診療以外の医療を受けると、診療全体が自己負担になってしまうが、保険診療の対象となっていない診療でも、高度先進医療を受けたときや、歯の治療で保険が認められない材料を使ったときなど、一定の要件を満たしている場合は、保険診療との差額を支払えばよくなる。

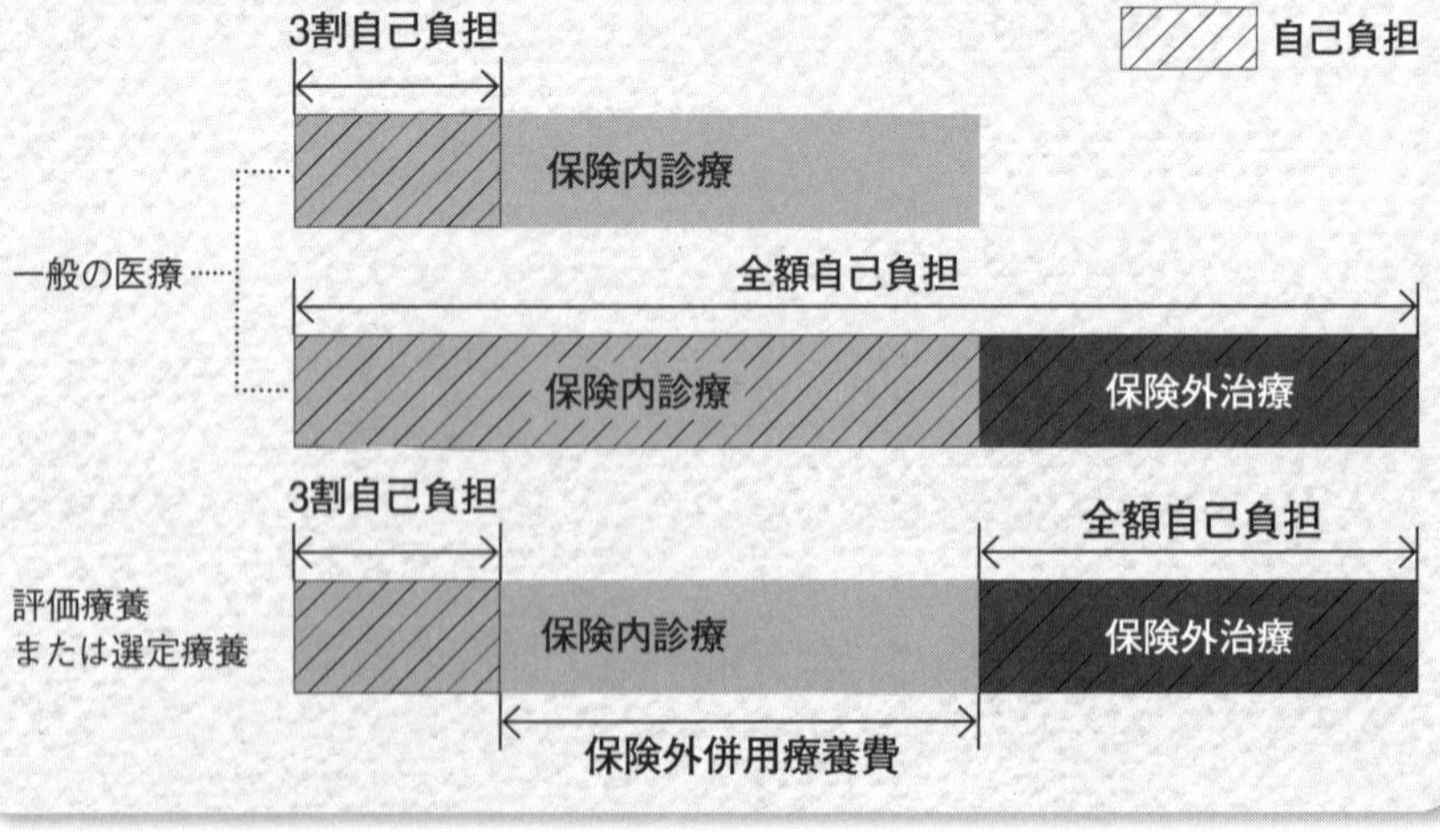

5 見逃せない基本給付ラインナップとは？

公的医療保険のオトクな給付は、まだあります。さらに細かいところまでみていきましょう。

⑧転院の交通費を出してくれる

病気やケガをして、自由にカラダを動かすのが困難な状態で、緊急にほかの病院へ転院しなければいけなくなりました。さて、そのときの交通費も、７割は保険でカバーしてくれるでしょうか？

移動のためにかかった費用は、医療費ではありませんので、保険は適用外なのが原則なのですが、特別に移送の必要ありと認められたときに限って、その分の費用も給付されます。それが「**移送費**」です。

ただし、以下の要件をすべて満たしていないと、支給されません。

・医師の指示により、適切な保険診療を受けるためのものであること
・移動を行うことが著しく困難であること
・緊急その他やむをえない場合であること

つまり、自分の都合で転院したいとか、特に緊急でもない場合は、給付されないというわけです。

⑨自宅に看護師が来てくれる

入院生活が長くなりますと、とかく費用もかかりますし、家族にとっても付き添いなどの負担が大きいのが現実です。

一方で、病気や障害を持った人にとっても、住み慣

れた自宅で療養生活を送りたい場合も少なからずありますよね。

そんなときに役に立つのが「**訪問看護療養費**」です。難病患者等、医師が在宅で継続的に療養を受ける状態にあると認めた場合に限りますが、医療機関や訪問看護ステーションから看護師さんを派遣してもらって、療養上の世話や診療の補助を受けるときの費用の7割を保険が負担してくれるのです（ただし、交通費・おむつ代、特別サービス料については別途請求）。

「療養の給付」と同じく、現物給付なので、3割負担すればいいだけです。

なお、これにかかった費用も、高額療養費の法定限度額の算定対象になるのは言うまでもありません。

⑩出産で42万円のお祝いをくれる

第二次世界大戦後に、欧米諸国がこぞって社会保障を拡充し始めたときのスローガンを覚えてますか？

そう「ゆりかごから墓場まで」でしたよね。

日本の公的医療保険では、もちろん、そのスローガンは達成済みで、〝ゆりかご〟の部分にあたる給付のひとつが「**出産育児一時金**」です。

そもそも出産にかかわる医療は、病気の治療ではないため、保険が適用されません。少なくとも30万円以上はかかる出産費用を全額自己負担するとしたら、家計への負担は、とてつもなく重くなってしまいます。

そこで公的医療保険では、出産にかかる費用くらいは、全額めんどうみてあげましょうということで、出産育児一時金が設けられているのです。

支給額は、42万円（平成23年4月現在）。この額は、どの保険に加入している人も共通です（ただし、産科医療補償制度のない医療機関で出産した場合は39万円となる）。

加入者本人が出産したときだけでなく、加入者の配偶者が出産したときでも支給されるため、ほぼすべての世帯が対象になります。

また、健保の場合、被扶養者（扶養家族）であれば、出産するのが配偶者でなくても、支給されることも覚えておいてください。たとえば、扶養家族の妹や娘が出産するときでも、支給対象となるのです。

なお、原則として、かかった出産費用は、一度全額自己負担で立て替えておき、あとで申請するともらえるしくみになっていますが、高額療養費などと同じく、直接保険者に請求するしくみが整ってきたため、いま多くの医療機関では、退院時には一時金を超えた分のみ支払えばよくなってきています（出産費用が一時金を下回ったときには、保険者からあとで還付される）。

⑪家族の葬儀代を補助してくれる

出産育児一時金が〝ゆりかご〟部分としたら、〝墓場〟部分にあたるのが「**埋葬料**」です。

加入者が亡くなったとき、申請すると、埋葬料の一部として遺族に支給されるのはもちろん、健保の扶養家族になっていた人が亡くなったときでも、加入者本人に支払われます。

支給額は、健保（協会けんぽ、組合健保）の場合は、どこでも「5万円を限度にかかった費用」（平成18年10月までは標準報酬月額の1カ月分）と統一されていますが、国保になると名称が「**葬祭費**」と変わって、支給額は市町村によっても異なってきます（2～7万円）。

家族が亡くなるのは、とても悲しい出来事ではありますけれど、その人の人生の最後まで、社会保険がかかわって支援してくれるというのは、世知辛い世の中にあって、実にありがたいことではないでしょうか。

以上みてきたのは、どの公的医療保険にも共通する給付です。これらについては、国保だろうが健保だろうが、加入している保険の種類に関係なく、すべての公的医療保険加入者が対象、つまり、日本に居住している人にとってのベースとなる保障部分なのです。

内容を詳しく知ると、高額療養費など、かなり充実した保障ラインナップが揃っていることに気づきます。

何年かに一回、風邪や虫歯の治療でお世話になる程度の人にとっては、「公的医療保険は高い保険料を取られるだけのもの」と感じるかもしれませんが、「もしものときの安心を買う」という保険本来の価値からみれば、その評価はガラリと変わってくるでしょう。

6 社員限定の健保オトク給付金とは？

健保に加入する一般的なサラリーマンなら当然受けられるのに、自営業者や非正規社員は受けられない給付って何か知っていますか？

結構ありそうだけど、すぐには思いつかないものですね。

ズバリ結論から言いますと、健保にあって、国保にはない代表的な給付として挙げられれのは、傷病手当金と出産手当金の2つです。いったいどういうものなのでしょうか。

① 長期療養中も月20万円もらえる

病気やケガで、やむをえず仕事を休業したとき、会社から給与が出る人は支障ないですが、給与がまったく出なかったり、出たとしも極端に少なかったりすると、たちまち生活に支障をきたしてしまいます。

そんなとき、健保から支給されるのが「**傷病手当金**」です。

どうせスズメの涙でしょ、なんて思ったら大間違い！　支給されるのは、休業前賃金の3分の2。たとえば、休業前に30万円の給与をもらっていた人が1カ月間休業すると、1日当たり6666円×30日分の20万円支給されるんです！

会社から休業期間中にいくらか給与が出る場合には、休業前の3分の2に足りない部分のみ支給してくれます。

気になる支給要件は、ややこしいことは一切なく、ただ健保に加入している本人が病気やケガで就業できない日が連続して3日以上続いたことだけ。最初の3日間は「待期」と呼んで、1円も支給されないものの、

4日目から支給開始となり、なんと、そこから数えて最長1年半もの長きにわたって支給されるのです！

勤労者にとって、給与がもらえなくなる事態は、即日生活破綻につながる大ピンチ。社会保険のなかでも、労災など特別なケースをのぞいて、所得補償をしてくれる給付は、雇用保険の失業手当（または傷病手当）と健保の傷病手当金しかありません。

失業手当を受給するためには、「いつでも働ける能力があること」が大前提となっていますから、健康状態を損なって休業したときは、傷病手当金が最強のトリデとなって勤労者の生活を守ってくれるわけです。

② 出産で働けない期間に65万円以上もらえる

傷病手当金が病気やケガで働けなくなったときの所得補償をしてくれるのに対して、出産で働けない期間の所得補償をしてくれるのが「**出産手当金**」です。

もちろん、産休中も会社からこれまで通り給与が出れば、まったく問題ないのですが、現実には、産休中は1円も給与が出ない会社も少なくありません。それではとても安心して出産なんてできませんよね。

そこで、健保が、産休中に休業前にもらっていた給料の3分の2を支給してくれるのです。

支給期間は、出産予定日の42日前から出産日の56日後までの計98日分（もし予定日より出産が遅れたら、その日数分もプラスして支給される）。

ただし、扶養家族が出産したときでも給付される出産育児一時金とは異なり、出産手当金（傷病手当も）は、健保に加入している本人でないともらえません。

支給率は、傷病手当金とまったく同じ3分の2。月給30万円の人なら、日額にして6666円×98日分で、65万円以上ももらえるのです！

支給要件は、健保に加入している女性が出産で休んでいることだけ（ただし任意継続は不可）。勤続年数などは一切問われません。つまり、女性が退職せずに産休に入れば、誰でももらえるのです。

なお、傷病手当金または出産手当金をもらっている期間中に退職した場合は、それまで継続して1年以上健保に加入していた人に限って、退職後もそれらの手当をもらい続けることができます。

結婚退職すると250万円の大損！

くどいようですが、傷病手当金と出産手当金は、健保に加入している本人しかもらえません。つまり、国保加入者は、これらの恩恵には一切あずかれないのです。

どちらの給付も、就労不能になったときに一定の所得を補償してくれる機能としては、民間の保険ではありえない水準を実現していますので、不安定な立場で働く人は、何とかしてこれらの保障を確保しておきたいものです。

ところが皮肉なことに、休んでも給与が減らない安定雇用の人が健保に加入し、休むと給与を減らされる不安定雇用の人ほど国保に加入する率が高くなっているのが現実。

特に傷病手当金は、続けて4日以上休んだだけで、4日目から給付されるのですから、入院保障のひとつとしても、おおいに活用したいところです。

家族のなかで、もし健保に加入せずに、国保のままでいる人がいたら、これらの給付がつく健保加入のメリットを教えてあげてください。

また、共働き世帯においては、出産手当金のことを考えると、奥さんが出産を機に退職なんてしたら大損と言えます。

とにかく辞めずに勤務し続けているだけで、堂々とこの手当をもらうことができるわけで、「子供が生まれたから辞めます」なんていう人は、みすみす大金を手にするチャンスを逃していることになるのです。

現在の日本における社会保険制度のなかで、いちばん恩恵を受けられるのが出産する女性で、先に挙げた出産育児一時金42万円から始まって、この出産手当金、さらには、雇用保険からもらえる育児休業給付金（4章参照）まで含めると、一人出産するたびに、総額でなんと250万円超もの巨額な給付を受けられるようになっているのです！

傷病手当金とは？

健康保険に加入している人が、病気やケガで働けなくなって休業中に会社から給与が出ないときに、それまでもらっていた給与の３分の２が支給される制度。

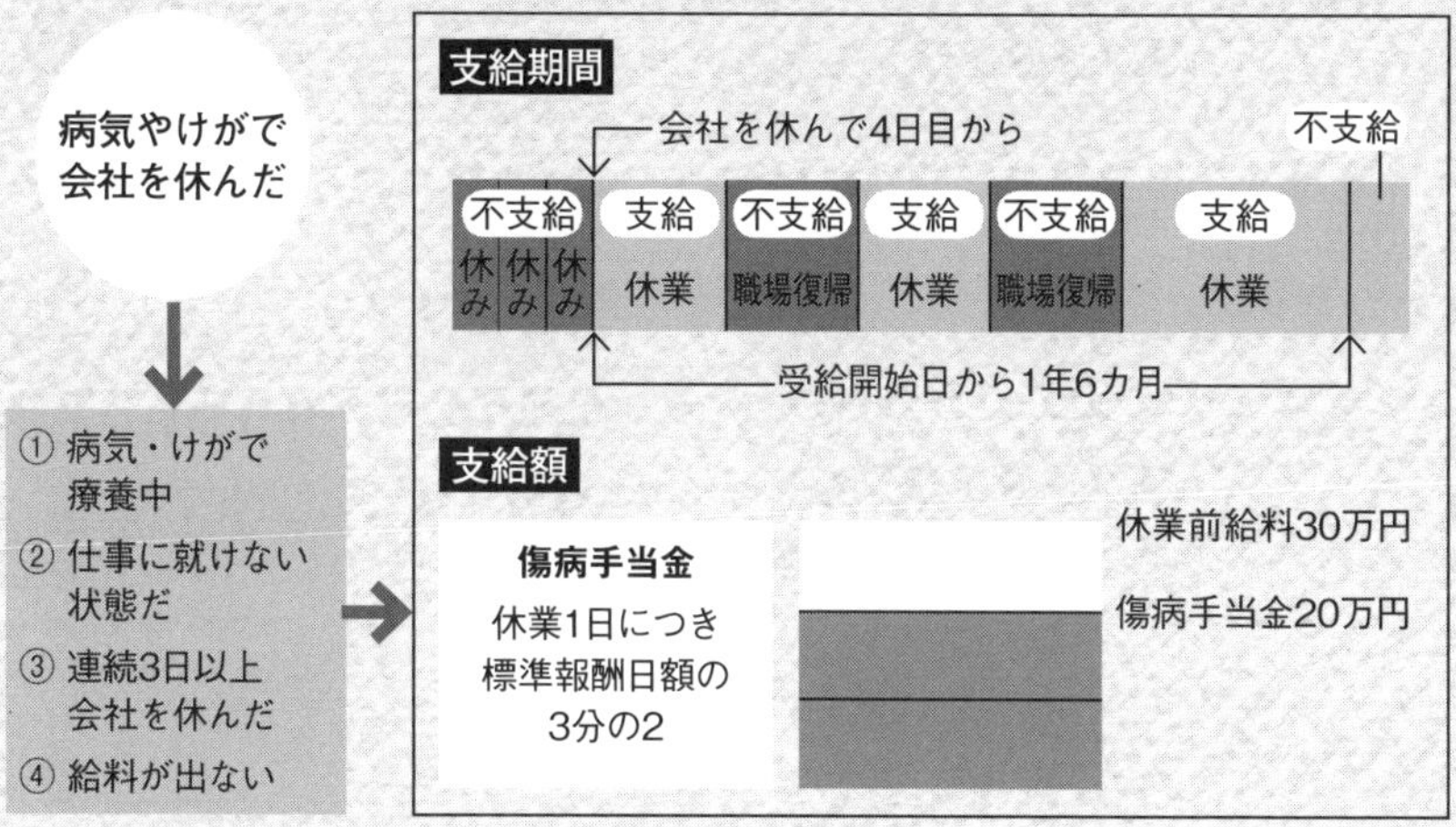

出産手当金とは？

健保に加入している本人が出産のために仕事を休んで会社から給与が出ない場合に、給与の３分の２（日額計算）が支給される。妊娠4ヵ月以上の出産（正常分べん、異常分べんを問わない）が対象となる。支給期間は、出産の日以前42日（多胎出産の場合は98日）、出産の日後56日までの間。

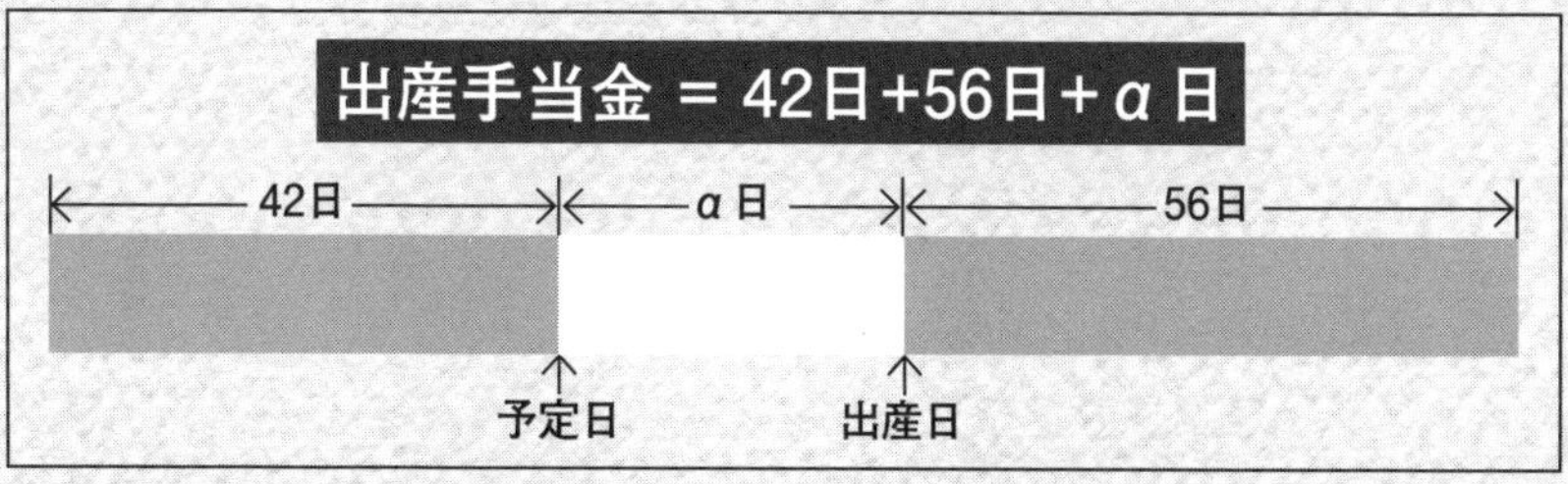

- 産前休暇→出産予定日の42日前〜出産日
- 産後休暇→出産の日〜56日後
- 実際の出産が出産予定日より遅れた場合は、予定日から出産日までの期間（α日）は産前休暇に含まれ、出産手当金の支給期間も長くなる
- 出産予定日よりも実際の出産が早くなった場合には、産前休暇は短くなり、それに伴って出産手当金の支給期間も短くなる

7 健保組合だけにある お得な「付加給付」とは？

協会けんぽ、組合健保の2つを総称して「サラリーマン健保」と呼んでいますが、その両者の給付内容には、歴然とした格差が存在しています。

実は、健保には、すべてに共通する「法定給付」とは別に、それぞれの健保組合が独自に設定した〝隠れ給付〟とも言うべき「付加給付」があるのです。

そこで、組合健保だけにある「付加給付」がどういうものなのか詳しくみていきましょう。

① 医療費の3段割引「一部負担還元金」

高額療養費の制度を活用すると、60万円かかっていた自己負担分が最終的に月8万数千円程度で済むのですが、組合健保になると、さらに自己負担を軽減してくれる制度を設けているところも結構あるんです。

それが「**一部負担還元金**」（または「**高額療養費の付加給付**」）です。

最終的な自己負担額を2万円程度に設定されている健保組合も少なくないのです。

たとえば、総医療費が1カ月100万円かかって、加入者がその3割の30万円を自己負担したとします。すると、高額療養費としてあとから21万円程度戻ってきますので、付加給付のない健保加入者は、最終的に9万円程度の負担となります。

ところが、付加給付のある組合健保になると、さらに7万円もが還付されて、2万円だけ自己負担すればいいのですから驚きです！

また、先述した、同じ世帯に属する人の医療費を合わせて計算できる合算高額療養費についても、1人月2万円の自己負担額が適用されます。つまり、同じ月に家族2人が高額療養費を払った場合でも、1人2万円×2の4万円を超えた分は、すべて戻ってくるということです。

どんなに高い医療費がかかっても、負担額が1人月2万円で済むというのは、通常ではありえないほどの手厚い給付なのは間違いありません。

②支給額2割上乗せ・期間1年延長の「傷病手当金」

病気やケガになって休業したとき、休業4日めから、それまでもらっていた給与の3分の2を最長1年半にもわたって支給してくれるのが傷病手当金でしたね。

国保にはない健保のありがたい給付のひとつなのですが、組合健保の多くは、これに独自の付加給付をもっています。

具体的には、まず給付額。休業前にもらっていた1日当たりに換算した賃金（標準報酬日額）の3分の2（66パーセント）を休業日数分支給される法定給付に加え、独自の給付として、そこから10～20パーセント程度上乗せするのが一般的です。

たとえば、シンプルに、「傷病手当金付加」として、10パーセントだけ上乗せし、結果的に77パーセント支給している組合健保があるかと思えば、1日当たりの賃金の85パーセントから法定給付の66パーセントを引いた額を付加給付として支給して、実質85パーセント給付にしている組合健保もあります。

驚くのはまだ早い。

組合健保の太っ腹さを端的に表しているのが傷病手当金の給付期間です。

法定給付が最長で1年半としているところを、さらに1年間延長して、2年半にもわたって支給しているところも少なくありません。なかには、1年半の延長で最長3年にしている組合すらあるのには驚きます。

これが「**延長傷病手当金付加**」と呼ばれる給付です。ただし、延長された1年間については、法定給付期間と同じ上乗せがあるとは限らず、60パーセント程度に給付率をダウンして支給するところが比較的多いようです。

このほかにも、出産育児一時金、訪問介護療養費、埋葬費などに独自の付加給付を数万円程度設定している健保組合も、たまにみつけられます。

サービスの面からみると、もうひとつ忘れてはいけないのが保養所の存在ですね。

大企業グループに限らず、同業種が集まって設立された健保組合でも、宿泊施設やスポーツクラブと提携（かつては母体企業が保有）していて、組合員向けに、激安料金でそれらが利用できるようになっています。この部分は、公的医療保険のサービスというよりも、母体企業の福利厚生を担っているのですから、公務員が官舎をタダみたいな賃料で借りているのと同じように、本来は、給与として課税されるべきものがベネフィット（福利厚生による利益）に化けているとみるべきでしょう。

ここへきて、赤字に陥る健保組合が続出しているため、さすがに、かつてのような手厚い給付を守り続けているところは次第に少なくなってきています。

それでも、法定給付しかない健保や、所得保障部分の給付がまったくない国保の人からみれば、まるで夢のような待遇と映るでしょう。


現在、組合健保に加入している人は、あらためて、自分が加入している健保の給付内容を調べてみてください。手厚い付加給付があるようでしたら、もはや民間医療保険に加入する必要などまったくないと言えるでしょう。

付加給付のない健保や国保に加入している人は、近い将来、転職するときには、給与など目に見える条件だけでなく、転職先で加入する健保の給付内容までよく調べてから判断したいものです。保険料が安い分だけ、実質の給与も高くなるのですから。

現実問題として、中途採用枠で大企業に転職するのは、かなり難しいですけれど、その系列企業（派遣会社も）であれば、転職者を積極的に採用しているところも少なくありません。

転職によって、より手厚い給付のある組合健保に乗り換えることも、今後は選択肢のひとつとして、おおいに検討するべきでしょう。

組合健保の一部負担還元金とは？

多くの組合健保では、高額療養費よりも低い自己負担額を設定していて、下記のケースでは、自己負担額が2万円を超えたときは、その超えた額が付加金（一部負担還元金・家族療養付加金）として給付されるようになっている。

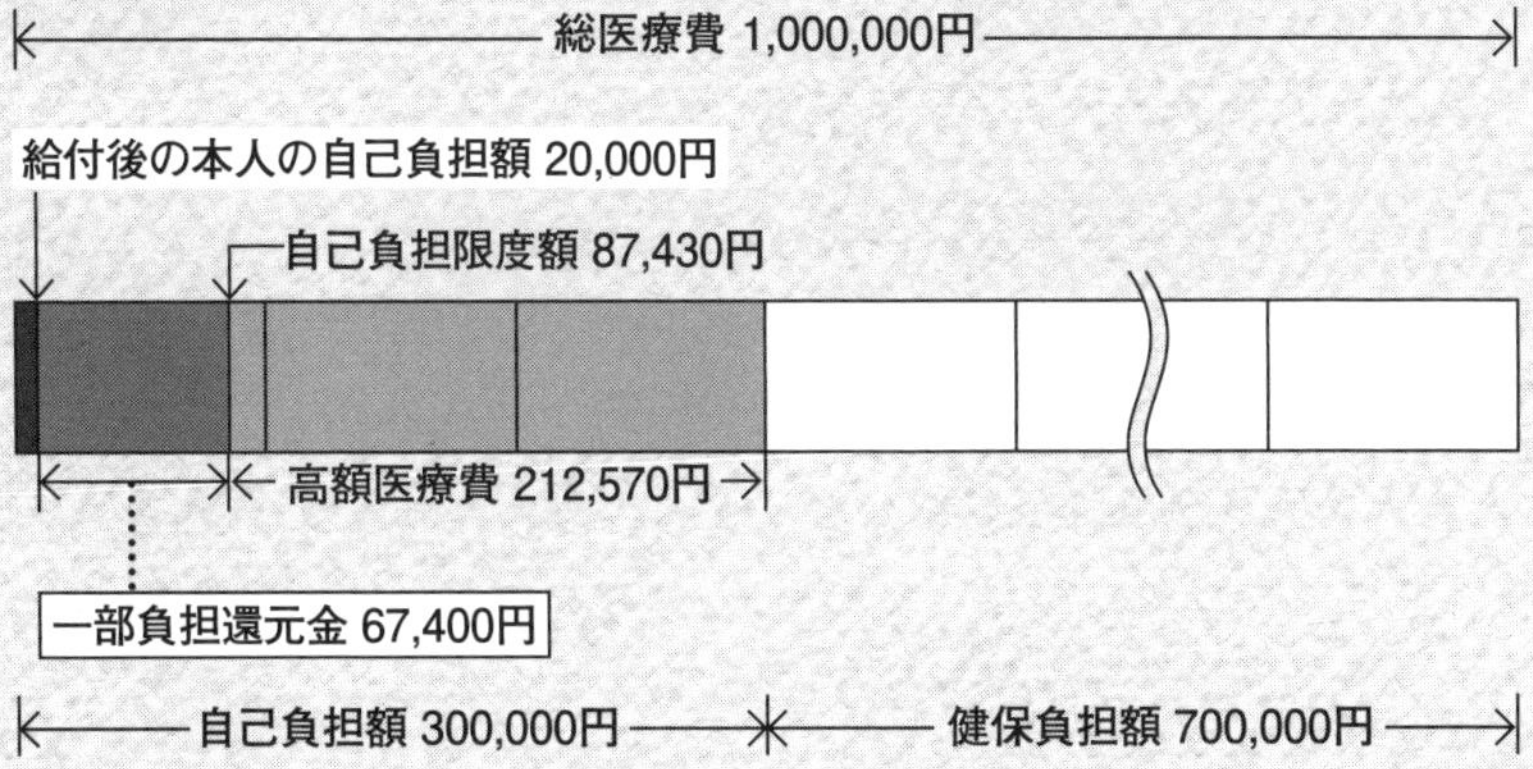

健保組合の傷病手当金の独自給付とは？

健保組合独自に、通常の傷病手当金に上乗せした給付を行っているところも多い。給付額を上乗せする「傷病手当金付加」給付期間を延長する「延長傷病手当金付加」がある。

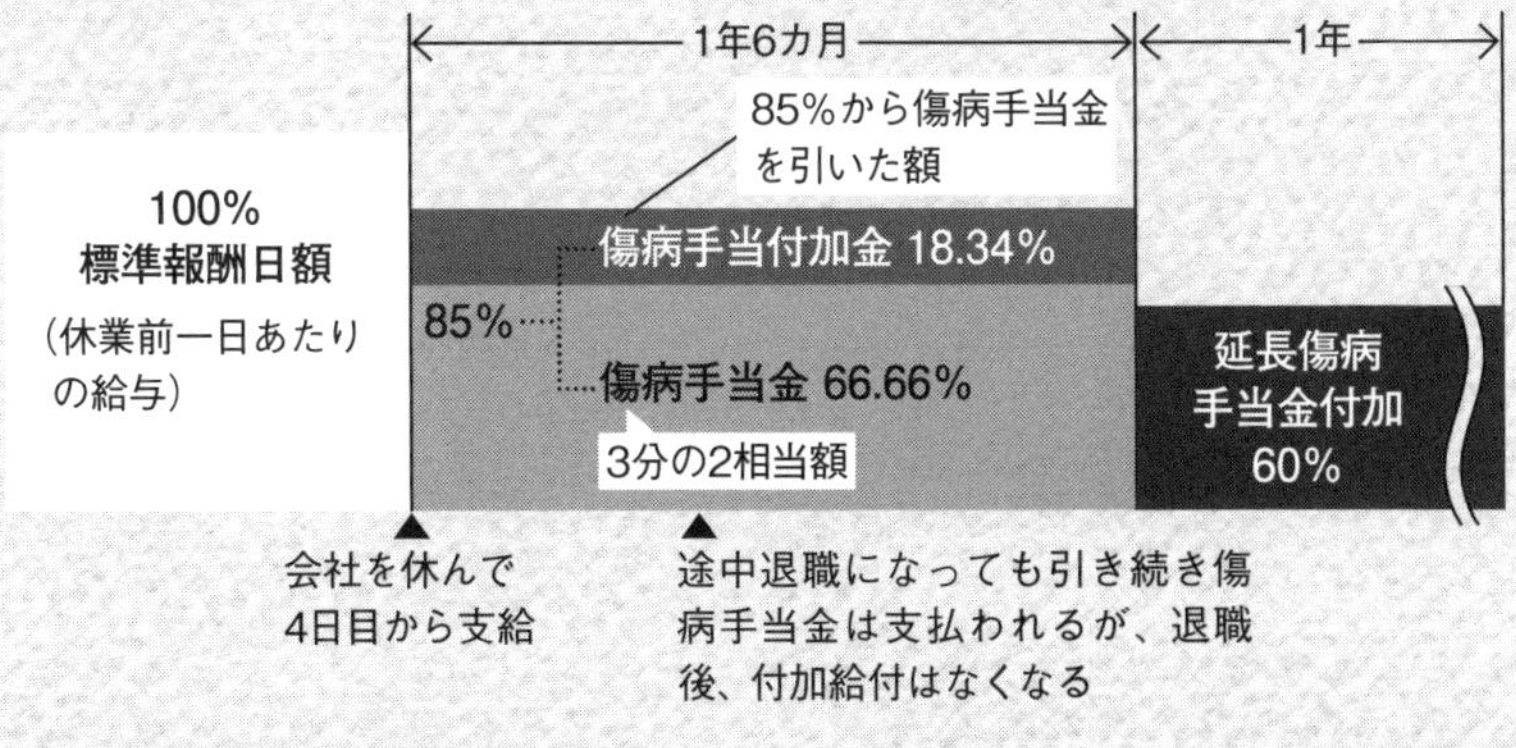

8 高所得者ほど保険料激安な社保格差とは？

公的医療保険における給付内容については、一通りおわかりいただけたと思いますので、次に、それだけの給付を受けるために被保険者（加入者）がどれだけの保険料負担しているかについてみていきましょう。

月給30万円なら、月1万5000円の負担

協会けんぽに加入している人の保険料の自己負担は、40歳未満が5パーセント弱、40歳以上が5・5パーセント程度となっています（都道府県によって料率は異なるものの、その差はゼロコンマ2パーセント程度）。

月収30万円の人で、月に1万5000円前後の保険料が給与から天引きされているわけで、それは、決して安いとはいえませんけれど、傷病手当金など所得補償まである給付内容からすれば、まぁ仕方のない額といえるのではないでしょうか。

では、組合健保になるとどうでしょうか。手厚い給付を行っているところほど保険料も高くなるのではと思いきや、現実はその真逆。

大半の組合健保では、協会けんぽよりも1～2パーセント程度は保険料率を低く設定しています。そのうえに、通常は、事業主半額負担のところを3分の2負担にしている、つまり労働者の自己負担は3分の1になることもあります。

その結果、労働者負担は、3パーセント台という超オトクな組合健保もあるから驚きです。

社保なし勤務は、社員の5倍負担！

それと正反対なのが、自営業者および社保なし勤務の非正規労働者が加入する国保です。

国保は、市町村によって、保険料計算式が大きく異なりますので、単純比較は非常に難しいのですが、被用者保険と違って、保険料は全額自己負担なので圧倒的に不利です。

千葉県千葉市在住年収500万円(所得346万円)の夫婦子供2人世帯における保険料を試算してみたところ、健保なら約27万円で済むところが、国保では、年間約41万円にもなり、健保より約14万円も高いことが判明しました！

千葉市の国保の料率は、全国的にみると比較的安い部類に入りますから、高い市町村ですと、この程度の差では済まないはず。

そこで、まったく同じ条件を、全国的にも国保が高いことで有名な大阪府・守口市の料率をあてはめて計算してみました。いったいいくらになったと思います？　結果をみて、私も思わず自分の目を疑いました。なんと約70万円！　協会けんぽ27万円のゆうに2・5倍を超える負担なわけで、収入に対する率に直すと、医療保険だけで14パーセント！

組合健保のなかには、保険料の自己負担率が3パーセント台のところもありますから、それと比べると、5倍近い負担率になってしまうのです！

国保の給付がほかの公的医療保険に比べて手厚いのでしたら納得いかなくもないのですが、これまでさんざんみてきたように、基本的な給付しかないにもかかわらず、健保よりもはるかに高いのは、誰がどうみてもおかしいと感じるのではないでしょうか。

こんなに大きな格差があるのに、よくも日本では、エジプトのように暴動が起きないものだと感心してしまうほどです。

国保と健保の比較

《前提条件》大阪府守口市在住／本人42歳　妻40歳、子供2人の世帯

① 社保なし勤務で国民健康保険に加入している場合

年収500万円、所得額346万円で計算

医療分		後期高齢者支援金分		介護保険分
458,074円	＋	134,935円	＋	105,594円

＝ **698,603円**

② 中小企業勤務で、協会けんぽに加入している人の場合

標準報酬月額41万円
（月収395,000～425,000） ➡ 22,693円 × 12ヵ月（ボーナスなし）

＝ **272,316円**

③ 大企業勤務で、組合健保に加入している人の場合

標準報酬月額30万円
（月収290,000～310,000） ➡ 10,740円 × 12ヵ月 ＝ 128,880円

ボーナス70万円×3.58% ➡ 25,060円 × 年２回 ＝ 50,120円

合計128,880円+50,120円 ＝ **179,000円**

国保 698,603円	－	協会けんぽ 272,316円	＝	**差額 426,287円！**
国保 698,603円	－	組合健保 179,000円	＝	**差額 519,603円！**

※1　大阪府守口市の平成23年度国民健康保険料算定方法
○医療保険分（最高限度額51万円）／1.均等割 国保加入者数 ×27,000円／2.世帯割 1世帯 ×31,440円／3.所得割 ｛前年分所得 -330,000円（基礎控除）｝×10.18/100
○後期高齢者支援金分（最高限度額14万円）／1.均等割 国保加入者数 ×8,280円／2.世帯割1世帯 ×9,480円／3.所得割 ｛前年分所得 -330,000円（基礎控除）｝×2.95/100
○介護保険分（最高限度額万円12万円）／1.均等割 国保加入者数 ×8,760円／2.世帯割1世帯 ×7,320円／3.所得割 ｛前年分所得 -330,000円（基礎控除）｝×2.58/100
※2　大阪府協会けんぽ平成23年3月～の介護保険第２号被保険者に該当する場合の料率＝11.07%（半額負担の場合5.53%）
※3　経済団体健康保険組合平成23年4月1日適用の料率　健康保険被保険者負担率　30.8/1,000　介護保険被保険者負担率　5.0/1,000

9 会社勤めでも、国保知識が必要な理由

国保について、これまでほとんどのサラリーマンは、「自分には関係のない話」とスルーしてきたはずです。しかし、これについて知識のあるなしが、ピンチになったときの家計負担を大きく左右するのです。

"転落"のきっかけは、国保保険料

大阪府守口市在住の年収500万円の人は、国保保険料が年間70万円になることを思い出してください。

国民年金夫婦2人分を足すと、社会保険料だけで年間約100万円超。運悪く失業すると、収入がとだえて、ただでさえ家計が火の車なのに、決定的なダメージを受けてしまうでしょう。

結果、どういう事態に陥るかと言えば……

保険料を払えない↓長期にわたって保険料を滞納する↓保険証が使えなくなる↓病気をしても医者にかかれなくなる↓本当に病気になる↓治療費が払えず、ますます病状が悪化する

——という最悪のシナリオが現実となるのです。

最初は、ほんの小さなピンチにすぎなかったのが、適切な対処を怠ったばかりに、しだいに綻びが大きくなってニッチもサッチもいかなくなる。

浪費で多額の借金をしたわけでもない、ごく普通の世帯が、たちまち転落しかねないのは、こうした社会保険の歪んだしくみが関係しているのです。

そうならないためには、最後のトリデとも言える国保の保険料について、しっかりとした知識をいまから身につけておくしかありません。

10 国保の保険料はどうやって計算するの？

左ページの表をみてください。これが国保保険料の計算式です。一見すると、ややこしい計算式になっていますけれど、一通りしくみを理解すれば、思ったほど難しくはありません。

3分野に分けて保険料を計算

家族全員の所得合計額に応じてかかる「所得割」（住民税額を基準とする方式もある）、加入者ひとりにつき定額の「均等割」、一世帯当たり定額の「平均割」（世帯割）の3つの計算式で成り立っています。

市町村によっては、保有資産に対してかかる「資産割」が追加されているところもあります。

それらを医療分と後期高齢者支援分（以下、「支援分」）に分けて計算するのが基本なのですが、40歳以上65歳未満の人については、国保と同時徴収する介護保険の分が別にかかるため、それも加えた3つの分野別に計算します。

なぜ、いちいち3分野に分けて計算するのかと言うと、それぞれにおいて上限額が決まっており、計算上、上限額をオーバーしたときには、上限額が適用されるためです。

ちなみに、上限額は、医療分51万円、支援分14万円、介護分11万円です。

健保なら扶養家族は無料！

一方、健保の保険料の計算式は、単純に、給与額面額に決まったパーセンテージをかけるだけ。

ただし、実務上は「○○円～○○円」の人は「○○

国民健康保険の計算方法

① 医療分保険料

平均割		均等割		所得割※		年間保険料
1世帯当たり 34,514円	＋	被保険者数 ×20,023円	＋	8.0%	＝	［最高額 51万円］

② 後期高齢者支援金分保険料

平均割		均等割		所得割※		年間保険料
1世帯当たり 10,082円	＋	被保険者数 ×5,849円	＋	2.5%	＝	［最高限度額 14万円］

③ 介護分保険料（40歳以上65歳未満の人のみかかる）

平均割		均等割		所得割※		年間保険料
1世帯当たり 8,423円	＋	介護保険第2号被保険者数 ×6,780円	＋	2.2%	＝	［最高限度額 12万円］

※所得割は、以下のように計算する
・総所得を求める→ ｛給与収入－給与所得控除（個人事業の場合は、売上－必要経費）｝＋その他の所得
・（前年の総所得－控除33万円）×所得割率（収入のある家族全員が個別に計算して出た額を合算）
・市町村によっては、所得割を所得額ではなく、前年の市民税をもとに計算するところもある
（上記の数字は、大阪市における平成23年度の国保より）

円」と段階別にした一覧表にあてはめていく方式ですので、必ずしも、そのパーセンテージ通りにはなりません。ボーナスだけは、単純にパーセンテージをかけて算出します。

国保と健保との計算式のいちばんの違いは、国保は家族全員が保険料算定対象となるのに、健保は、世帯主しか保険料算定にならないことです。これは、ヘンですよね。

それによって、両者の違いが決定的に出るのは、扶養家族の扱い。

国保では、給与で年収98万円以下の家族であれば、所得割は1円もかからないものの、まったくの無収入でも、均等割と世帯割だけはかかってしまいます。

ところが、健保は「被扶養者」と認められた家族であれば、保険料算定の対象には一切なりません。

もちろん、世帯割もかかりません。

健保の配偶者は介護保険料も無料！

同時徴収される介護保険料(40歳以上対象)にいたっ

ては、健保では、加入者本人のみ徴収で、扶養配偶者（一般的には妻）が40歳以上であっても、その保険料は一切かかりません。

国保は当然のことながら、夫婦2人とも40歳以上であれば、2人分の介護保険料がかかってしまうのにもかかわらず、です。

健保は、加入者全員で、加入者が扶養している配偶者の介護保険料を負担するしくみなわけで、その点も、両者の保険料の額に少なからず影響しているのです。

国保世帯と健保世帯の違い

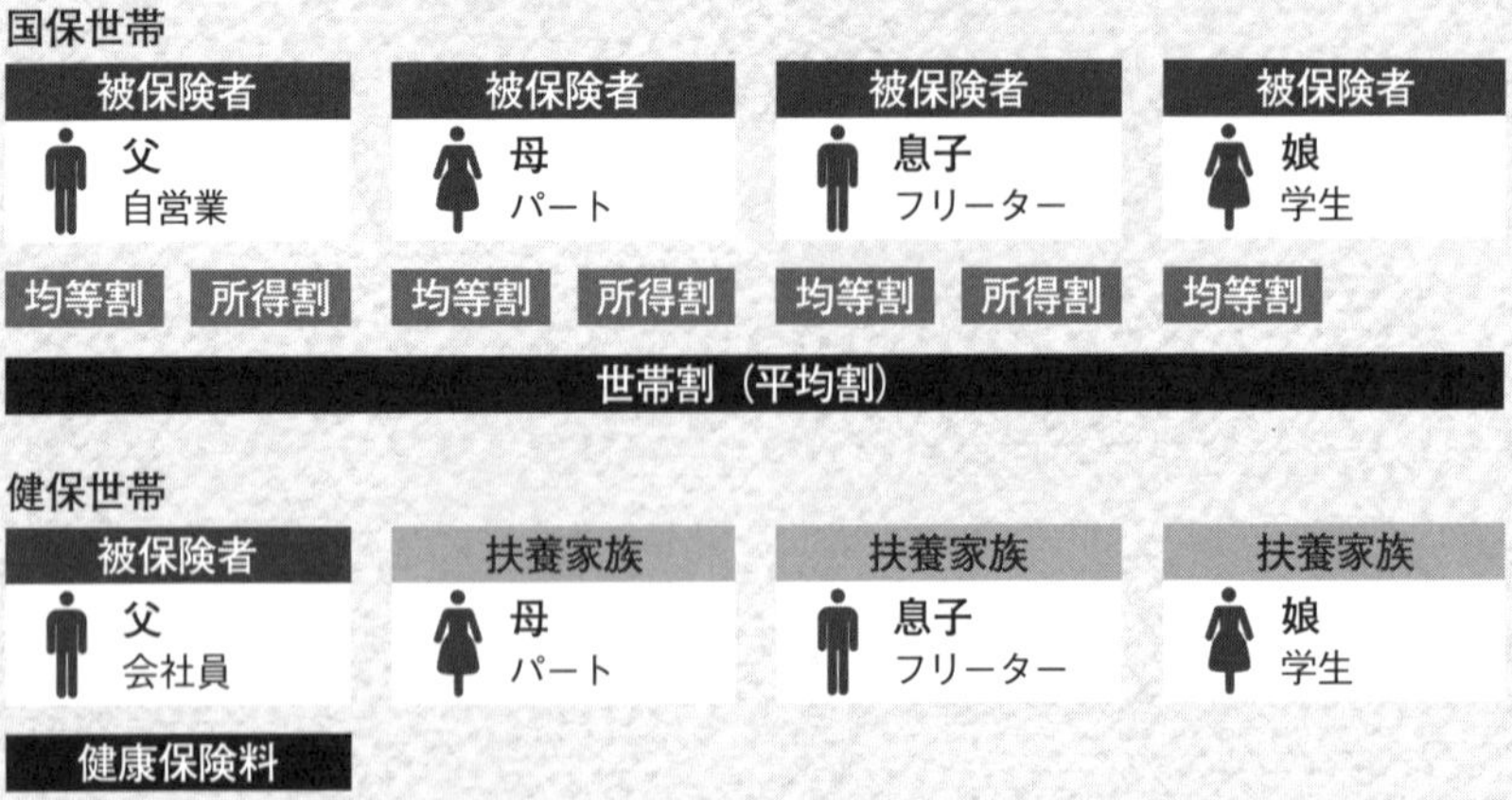

国保世帯は、世帯全体に世帯割がかかり、家族全員に均等割がかかり、さらに、一定の収入がある人には所得割もかかる。一方の健保世帯は、世帯主の収入にしか保険料はかからず、一定以下の収入の家族は、世帯主の扶養家族として、保険料無料で保険給付が受けられる。

11 健保に加入できる人、できない人

では、健保と国保に加入する人の違いはどこにあるのでしょうか。

ここで国保と健保の加入資格について、あらためて整理しておきましょう。

一般社員の4分の3以上働いているなら健保

まずは健保から。健保と厚生年金の社保は、正社員でないと加入できないように世間一般では思われていますが、実際にはそんなことはありません。

原則として、法人に勤務して給与をもらっている人は、パート、アルバイト、契約、派遣など雇用形態にかかわらず、すべて強制加入です。

商店など個人事業でも、常時5人以上の従業員を雇用していれば、同じ扱いとなりますので、ほとんどの労働者は、健保に加入することになるのです。

ただし、短時間勤務のパートやアルバイトについては、以下の2つの要件をすべて満たしている場合にのみ被保険者となります。

①1カ月の所定労働日数が一般社員のおおむね4分の3以上

②1日または1週の所定労働時間が一般社員のおおむね4分の3以上

フルタイム勤務は、1日8時間、週40時間が一般的ですから、週30時間以上勤務していれば、①はクリア。また、正社員が月に22日勤務だとしたら、アルバイト・パートでも17日以上勤務の人は②の要件も満たしていることになるわけです。

社会保険の加入要件とは？

① 1日の所定労働時間（会社で定められた時間）が、正社員の労働時間のおおむね4分の3以上あること。
（正社員が8時間勤務の場合は6時間以上）

かつ

② 1カ月の所定労働日数（会社で定められた日数）が、正社員の労働日数のおおむね4分の3以上であること。
（正社員の労働日数が22日の場合は17日以上）

➡ 健康保険に加入
厚生年金に加入

国保に加入しなくてもいい人たち

一方、国保のほうは、健保や船員保険、公務員の共済組合など「被用者保険に加入していない人」は、すべて被保険者となることになっています。

しかし、実際には、パートしている奥さんや、フリーターの息子・娘たちも、国保に加入していない世帯は多いですよね。どうしてでしょう？

そう、健保に加入している世帯主の扶養家族は、国保に加入しなくても、世帯主と同じ健保が使えるからです。これが健保の「被扶養者」という制度です。

3人分の保険料が1人分で済む

健保では、加入者に扶養されている家族であれば、「被扶養者」と認められます。

誤解しないでいただきたいのは、被扶養者は、世帯主と同じ健保に加入しているわけではないということ。たとえていえば、自動車の損害保険に、契約者本人だけでなく、その家族が起こした事故についても力バーしてくれる特約がついているのと同じ状態のようなものです。通常は、働いている家族が3人いれば、3人が別々に加入するところを、そのうち2人が扶養家族だとしたら、2人は無料で世帯主のオプション保険が使えるのです。

〝オプション加入〟といっても、傷病手当金と出産手当金の2つの例外を除いて、加入者本人とほぼ同じ内容の給付が受けられるのが大きなメリット。

「家族療養費」「家族高額療養費」といったように、先に解説した基本的な給付については、すべて家族向けにも用意されているのです。この点は、無収入の扶養家族がいても、家族の人数分の保険料（均等割）を納めなければならない国保加入者からみれば、とんでもなく優遇されていると映るでしょう。

なお、「働いて収入があっても『扶養家族』って言えるの？」と疑問に思った人もいるかもしれませんので補足しておきますと、健保では、働いていても「年収130万円未満」であれば、「被扶養者」と認めてくれるのです。（下表参照）

被扶養者の収入限度額（厚生労働省通達に基づく）

被扶養者の年齢	収入限度額
59歳以下	月額108,334円未満 （年収換算で130万円未満）
60歳以上 （または59歳以下の障害厚生年金の受給要件該当者）	月額150,000円未満 （年収換算で180万円未満）

12 国保が健保より有利な保険料減免とは？

健保の有利な点ばかりが目立ちますが、国保加入者にはまったくメリットがないかというと、そういうわけではありません。

国保のメリットをひとつ挙げるとすれば、低所得者や家計急変世帯を対象に、保険料を減免・軽減してくれる制度があることです。

家計急変世帯に対する軽減措置は、市町村によって内容は異なるものの、日本全国どこでも共通なのが、均等割と平均（世帯）割を軽減してくれる制度。

通常は、前年の収入がいくら激減しても、安くなるのは所得割部分だけ。加入者ひとり当たりにかかる均等割と一世帯当たりにかかる世帯割は、1円も安くなりませんので、生活困窮世帯にとって、保険料負担はおそろしく重くなってしまいます。

そこで、前年の所得合計が一定以下になった世帯は、均等割と平均割を2割～7割カットしてくれる特例が設けられているのです（左図参照）。

たとえば、医療分と支援分の均等割が合計で3万円だった場合、4人家族なら、年収の額にかかわらず、3×4の12万円も均等割だけでかかってしまうところが、7割軽減基準をクリア（所得33万円以下）すると、3万6000円になる計算。世帯割も含めると、年間10万円近く保険料は軽減されるでしょう。

このとき、軽減の基準となるのは、「収入」ではなく「所得」なのに注目してください。

会社勤めの人は、給与所得控除（自営業者の必要経費と同じ意味あいのもの）が認められますので、所得33万円を給与収入に直すと、年収98万円。

年収98万円以下であれば、7割軽減の対象となって、年間保険料は3分の1以下で済むのです。

国民健康保険料の軽減・減免制度

①軽減制度

（福岡市の場合）

所得が基準以下になった場合、自動的に均等割と世帯割をそれぞれ7割・5割・2割の割合で減額。審査対象所得は前年分。申請の必要なし。

減額割合	減額の対象となる基準所得額
7割	国民健康保険の世帯主と、その世帯に属する被保険者及び特定同一世帯所属者の所得の合計が33万円以下
5割	前年中の所得が33万円＋（24万5千円×国民健康保険の世帯主を除いた被保険者及び世帯主以外の特定同一世帯所属者の人数）以下
2割	前年中の所得が33万円＋（35万円×被保険者数及び特定同一世帯所属者の人数）以下

②減免制度

災害、失業、倒産、その他の事情により保険料の納付が困難になったとき、保険料が減免される。審査対象所得は、今年度の見込額。申請の必要あり。

種類	減免事由	減免割合
災害	災害、風水害、火災等の災害や盗難、横領により、資産の1/3以上の損害を受けた場合	被害の程度により、被災以後1年以内の保険料の50%～100%を減免
所得減税	今年中の見込み所得が420万円以下で、その所得が前年に比べて30%以上減少する場合	所得減少割合に応じて、所得割額の10%～100%を減免
低所得	今年中の見込み所得金額が法定軽減制度の所得基準に該当する場合	見込み所得金額に応じて、均等割・世帯割の20%～70%を減免

※軽減・減免ともに、国民健康保険に加入していない世帯主（擬制世帯主）の収入も、その審査の対象となる。

13 会社都合退職は、国保保険料が激安になる？

退職して国保に加入した人が、決まって口にするのが「なんでこんなに高いの？」ということ。

現在は失業して1円の収入もない状態でも、前年に普通に収入があれば、それにみあった保険料がかかるからです。

この点は、国保制度の最大の欠陥といってもいいくらいで、家計がピンチに陥ったときに、追い打ちをかけるように多額の保険料を請求されるのは、だれもが理不尽な仕打ちと感じることでしょう。

失業者は7割引？

そんな不都合を解消するため、2010年度からスタートしたのが、失業して無収入になった人に対する保険料軽減措置です。

これは、失業して無収入になった人に限って、その年度の保険料を計算するときに、前年の給与所得を「100分の30」とみなしてくれるもの。

たとえば、前年は普通に働いていて、年収500万円あった人が失業した場合、給与所得控除が154万円認められますので、所得は346万円。これに0・3をかけた103万8000円の所得しかなかったとして、保険料を計算してくれるわけです。

厚労省の試算によれば、年収500万円の人が退職すると、国保保険料は34万7000円にもなるところを、14万8000円と、約20万円も安くなっています。

退職して収入が途絶える時期だけに、この20万円があるのとないのとでは、気持ちの余裕の面でも大違いでしょう。

ただし、ひとつだけ必ず覚えておきたいのは、この

失業者に対する国民健康保険料の軽減措置とは？

対象者は？	離職の翌日から翌年度末までの期間において、 ① 雇用保険の特定受給資格者（例：倒産・解雇などによる離職） ② 雇用保険の特定理由離職者（例：雇い止めなどによる離職） として失業等給付を受ける人
軽減額は？	前年の給与所得をその30/100とみなして保険料を計算
軽減期間は？	離職の翌日から翌年度末までの期間 ※雇用保険の失業等給付を受ける期間とは異なる ※国民健康保険に加入中は、途中で就職しても引き続き対象となるが、会社の健康保険に加入するなど国民健康保険を脱退すると終了する

制度が適用されるのは、会社都合で退職した人に限るということ。

会社を辞めるときに、倒産や解雇のほか、雇い止め（会社側から契約更新拒否）、退職勧奨など、自分の意志ではない理由で退職した人については、雇用保険の失業手当の受給にあたって一般の受給者よりも優遇される措置が設けられていて、国保でも、雇用保険に準じた取り扱いをするようになったわけです。

辞表叩きつけたら20万円のソン！

したがって「こんなヒドイ会社辞めてやる！」とばかりに、自分から辞表を提出して退職した人は、どんなに正当な理由があっても、形式的には「自己都合退職」とされるため、保険料軽減の恩恵を受けられません。

くれぐれもその点だけは注意してください。

退職後の国保保険料のことも考えたら、会社を辞めるときには、なにがなんでも会社都合にしてもらうくらいの気持ちでいるべきでしょう。

14 最小負担で最大給付を得る5つのコツ

公的医療保険は、健康に生活していくためには、だれにとっても欠かせないものであることは間違いありません。ふだんは医者にかかることがなく、ただ保険料を取られているだけと感じるかもしれませんけれども、そもそも保険とは「安心を買うもの」ですから、なんの不幸も起きない「掛け捨て」状態は、とてもハッピーなことなのです。

しかし、制度の矛盾があちこちに出てきていて、保険料の高い市町村に住む国保加入者は、フツーに保険料を払っていたら、生活に支障をきたすケースも出てきています。

そんなときのために、いまのうちから、家族・世帯単位で、どのようにすれば、最小の負担で最大の給付を受けられるのかをマスターしておくことが大切です。以下に、そのポイントを解説しておきましょう。

① 130万円ルールを知る

世帯単位で、社会保険料を低く抑える第一の鉄則は、健保の被扶養者の制度をフル活用することです。

同居している家族ひとりひとりが別々に保険料を負担するよりも、世帯主の健保の被扶養者になっていたほうが有利なのは明らか。なんといっても、被扶養者は、保険料無料なのですから。

健保の被扶養者と認められるのは「年収130万円未満」でしたね（厳密に言えば、なおかつ被保険者＝加入者本人の年収の2分の1未満であることも必要）。

健保に加入している人に扶養されている家族は、年収130万円に達した時点で、健保の被扶養者（扶養家族）資格は失い、パート先で健保に加入してもらうか、自分で全額自己負担して国保に加入しないといけなくなるわけです。

すると、給与が増えた分よりも、新たに発生する社会保険料のほうが高くなって、世帯の可処分所得は大きく減るかもしれません。

したがって、年収が130万円の基準前後の家族は、その基準内に納めるのが基本と言えるでしょう。

② 損益分岐点を見極める

とはいえ、フルタイムで働ける環境にある人が、わざと年収130万円未満に納めようとするのは愚の骨頂。せっかくの稼げるチャンスをみすみす逃していることになります。そこで、被扶養者になっている家族が130万円基準をオーバーしそうになったら、働く時間をセーブするのではなく、逆に大きく増やす、つまり、一気にフルタイム働いて、年収200万円超をめざすのが鉄則です。

そうすれば、少しくらい保険料負担が増えたとしても、それ以上に増収となって、世帯全体の可処分所得は確実に増えるはずです。

③ 健保で家族全員めんどうをみてもらう

被扶養者は、同居している家族でないとなれないと思っていませんか？

もちろん、実際にはそんなことはなくて、同居していなくても、三親等以内の家族であって、その家族を扶養している事実さえ認められれば、被扶養者になれますので、この制度を活用しない手はありません。

この知識が役立つのが、都会に働きに出ている息子や娘がアルバイトで生計を立てていたり、一時的に失業したりしたとき。親が仕送りで支えているとしたら、その事実を証明することで、息子や娘を被扶養者とすることができるのです。

離れて暮らす両親の場合も、年金収入が一定以下（一般的には年収180万円未満）であれば、被扶養者になれますので、その方法も一度検討してみるべきでしょう（いまのところ75歳以上の後期高齢者医療制度に加入している人は、被扶養者にはなれない）。

④ 脱・扶養なら、健保にこだわる

家族が個別に国保に加入するのは、できるだけ避けるのも大切なポイントです。

同居している家族が、〝130万円ルール〟にひっかかって、被扶養者ではなくなったときには、勤務先の健保に加入するのがベターなのですが、パート・アルバイトは、健保に加入してくれないとハナっから諦めている人も多いのではないでしょうか。

確かに、健保の加入要件を満たしていても、正社員でないと加入手続きをしてくれない会社も少なくないですけれど、掛け合ってみないことには、何事も始まりません。掛け合ってみたらアッサリ健保に加入できたというケースは意外にも多いものです。

ダメであれば、ほかの方法を考えてみましょう。

⑤ 国保の減免制度をフル活用する

働いている家族のひとりが、健保の被扶養者になれず、かといって本人が健保に加入することもできなかったら、イヤでも国保に加入するしかありません。

そのときに活用したいのが、国保の保険料軽減制度。ただし、保険料軽減制度は、世帯全体の収入（健保加入者も含む）を基準に判定されますので、収入のある家族と同居している人は、なかなかこの制度の恩恵を受けられません。

そんなときには、国保保険料の軽減を受けたい家族だけ、住民票上の世帯を分ける（世帯分離と呼ぶ）ことで、国保加入者本人だけの年収によって審査されるようになるのです。

健保はひとつにまとめるのがコツだったのに対して、ひとつの世帯に健保と国保が並立する場合は、あえて国保だけを分離させるのが保険料を低く抑えるコツと覚えておくといいでしょう。

第3章 年金保険編

死ぬまでお金がもらえるポイント累積保険

序 給料が手取り4万円増える社保なし勤務とは？

3章のストーリー

長年勤めていた建設会社を退社して、最近、地元の工務店に転職したEさん（52歳）は、転職先の社長から、ある日、こんな申し出を受けました。

「毎月の給料から、社会保険料を何万も引かれるのって、バカらしくないかい。そのワリに、年金なんて一生懸命かけたってさ、どうせ将来たいしてもらえないだろ。で、どうだろう、アンタさえ良かったら、社保なしの契約社員というか、請負の形にして、保険料の自己負担分4万円バックしてあげるよ。したら、ウチもだいぶ助かるんだけどなぁ」

「このトシになって、請負になるなんてとんでもない！」と、その申し出をキッパリ断ったEさんですが、最近転職して大幅減収となっただけに「給料が手取り4万円増える」というのは、かなり魅力的に感じてしまいました。

たしかに、まじめに払ったところで将来年金がどの程度もらえるのかは、かなり不透明。だったら、個人年金に入るとか、何かほかにもっといい方法があるんじゃあないか、などと考え込んでしまったのです。

月給35万円で2万7000円の天引き

あなたは、自分が毎月社会保険料をいくら払っているのか知っていますか？

給与明細をみてみると、きっと「こんなに引かれてるのか！」と驚かれることでしょう。

社会保険のなかでも、とりわけ負担が重いのが厚生年金保険料。半額会社が負担してくれているはずなのに、額面給与35万円の人で、毎月2万7000円くらい引かれているのですから、Eさんが社長の〝悪魔のささやき〟に心を動かされたのも無理もないことかもしれません。でも、だからといって、社長の言葉に騙されてはいけません。

社保を脱退すると、単に本人の給与から保険料が天引きされなくなるだけのことで、決して勤務先の会社が〝バック〟してくれるわけではないのです。そんなことしたら、会社にとってメリットはまったくなくなってしまいます。

厚生年金保険料の給与天引きがなくなると、その代わりに、今度は、自分で国民年金を払わなければなりません。天引きされていた分が丸まる浮くわけではないのです。

強制的に加入させられている公的年金は、できれば、1円も払いたくない。民間の個人年金のほうがトクに違いない――そう感じている人のために、本章では公的年金制度の中身を詳しく解説していくことにします。

社会保険料って、いくら引かれているの？

Eさんの給与明細書

基本給	通勤手当		
357,449円	12,000円		
健康保険料	介護保険料	厚生年金保険	雇用保険
15,580円	2,337円	27,820円	2,232円
所得税	住民税		手取り支給額
5,480円	16,000円		300,000円

手取り30万円の人は、毎月5万近くも社会保険料を天引きされている。

1 「三階建て年金」ってどういう意味？

現在の日本の公的年金制度は、三階建てになっていると1章で述べました。

左ページをみてください。それを図示したのがこれです。それぞれについて詳しくみていきましょう。

① すべて人の基礎になる国民年金

ワーキングスタイルにかかわらず、20歳以上のすべての国民が加入するのが国民年金です。

自営業者、社保なし勤務の非正規社員、専業主婦、学生、失業中の人など、ほかの公的年金に加入していない20歳以上のすべての人は、国民年金に単独で加入し、その保険料を毎月納める義務を負っています。

厚生年金や共済年金（公務員および私立学校職員向け）に加入している人の場合は、毎月給与から天引きされているそれらの保険料のなかから、自動的に、国民年金の分も納める形になっているのです。

ちなみに、国民年金の世界では、それ単独で加入している人を「1号被保険者」、厚生年金など被用者年金にも加入している人を「2号被保険者」と呼びます。

また、夫（妻）が厚生年金に加入している世帯の専業主婦（夫）は「3号被保険者」と位置づけられていることも覚えておいてください。

どの種別の人も等しく、原則として、将来65歳になってから、老齢基礎年金がもらえます。

② 現役時代の収入に比例する被用者年金

会社に就職した人は厚生年金に加入するわけですが、公務員が加入する共済年金も含めた勤め人が加入

日本の公的年金は三階建て

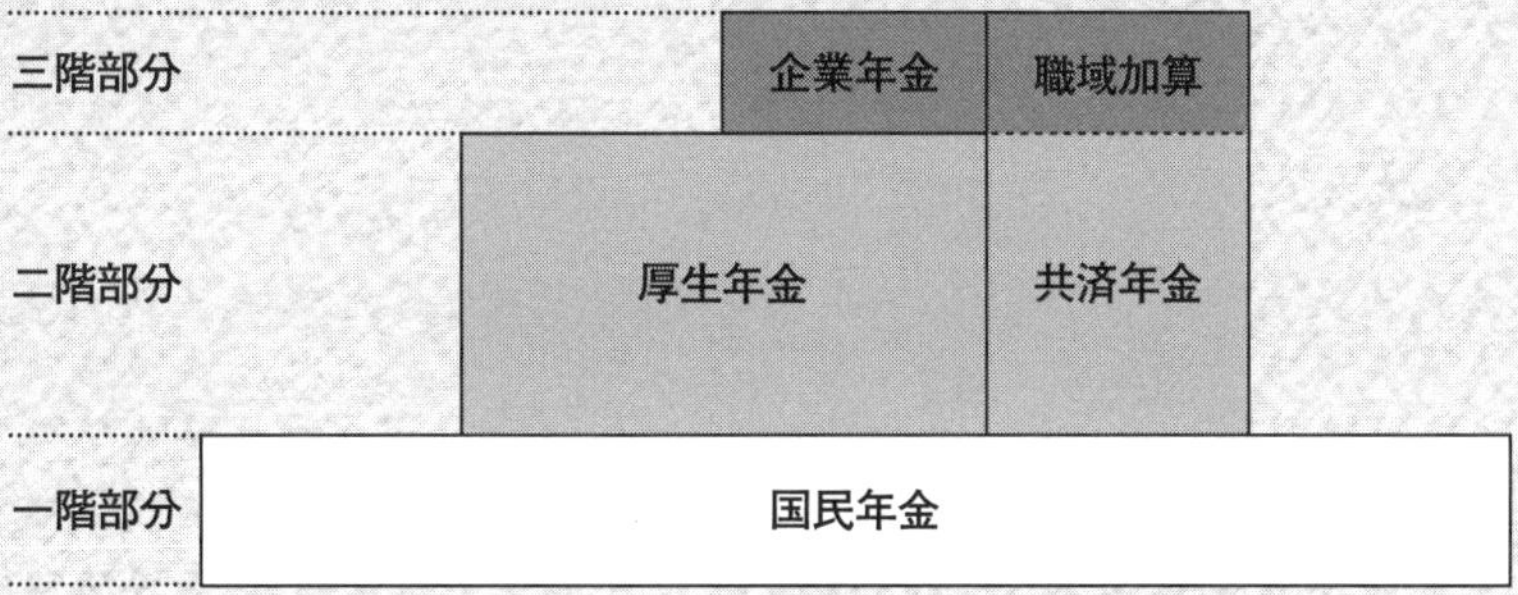

全国民を対象とした一階部分の国民年金、被用者を対象とした二階部分の厚生年金・共済年金に加えて、大企業や公務員は、三階部分を構成する企業年金・職域加算がある。

するタイプの年金を総称して「被用者年金」と呼んでいます。

国民年金単独で加入している人との大きな違いは、二階部分があること。

すなわち、将来受給開始年齢に達したときには、一階部分の基礎年金に加えて、上乗せ部分ももらえるのです。

被用者年金の加入者は現役時代、収入額に応じた保険料を毎月労使折半で納めていますから、受け取る年金も、それに見合った額になる「報酬比例」なのが大きな特徴です。

つまり、厚生年金や共済年金に加入している人は、在職時代に、たくさん給与をもらっていた人ほど、将来の年金額も多くなるしくみになっているのです。

③上乗せたっぷりの企業年金と職域加算

前章で、公的医療保険制度は、国保、協会けんぽ、組合健保の3つの階層から成り立っていると解説しました。

実は、公的年金制度の基本的な構造も、それとまったく同じです。

一階部分の国民年金、二階部分の厚生年金に加えて、多くの大企業では、三階部分を構成する企業年金の制度を持っていて、厚生年金に上乗せした給付があるのです。

その代表例が厚生年金基金。組合健保と同じように、主に、大企業単独または、グループ企業が集まって設立された基金で、本来は、完全に私的な保険であるはずなのに、どういうわけか、公的な年金運用機関として扱われ、〝二階部分〟も一緒に運用する（「代行」と呼ぶ）など、さまざまな恩恵が与えられています。

これは、かつて国が適用範囲を拡大した現行の厚生年金制度を導入しようとしたとき、保険料負担を避けたい産業界が「すでに自社の退職年金制度があるのに」と猛反対したため、制度を導入するための〝アメ〟として、それまで企業が自社独自で行っていた退職年金制度を公的年金の上乗せとして認めたという経緯からできたものです。

また公務員が加入している共済年金も、三階建て部分にあたる「職域加算」と呼ばれる上乗せ部分が存在しています。こちらは、もともと役人に与えられた、掛け金なしで退職後に支払われた恩給制度の名残りとも言えるもので、公務員も、企業年金がある大企業と同等レベルか、それ以上の給付体系をもっているのです。

もっとも、ここへきて公務員の優遇ぶりが批判のマトになるなか、手厚い給付となっている職域加算は近いうちに廃止される予定となっています。

いずれにしろ、企業年金は、入社したときから将来の退職金をコツコツと積み立てているようなもので、自社の社員に対する福利厚生の一翼を担っているものと理解しておくといいでしょう。

2 誰でももらえる3つの年金給付とは？

では、公的年金に加入すると、どのような給付が受けられるのでしょうか。

キーワードは「老齢」「障がい」「遺族」の3つです。

①65歳から79万円もらえる老齢基礎年金

すべての国民が加入するのが国民年金ですが、その国民年金に加入していた人が一定年齢に達したときに給付されるのが老齢基礎年金です。

リタイヤして無収入になったときの生活を維持していくベースとなるもので、国民年金はもちろん、厚生年金に加入していた人にも支給されます。

支給開始は、原則65歳から。そこから死ぬまで、年間78万8988円（平成23年度実績）をもらえるようになっています。

月に直すと、ひとり6万6000円程度になる計算。単身者だと、それだけではとても生活していけないように思える反面、夫婦2人ならば、一世帯当たり月13万円程度が毎月必ず入ってくるわけですから、最低限の生活を維持していくベースにはなるはずです。

ただし、年間79万円という額は、40年間1カ月も欠かさずに保険料を納めた場合の額ですので、保険料の未納期間がある人は、その分だけ年金額も減ります。

受給額のめやすは、1年間フルに保険料を納めるごとに2万円ずつ年金が増えていくものと覚えておくと便利です。40年加入で80万円（実際には79万円）ですから、最終的な加入期間がもし30年になったとしたら、年金額は、そこから10年分の20万円少ない約60万円になる計算です。

なお、65歳よりも早くもらいたい人は、支給開始年金額を、60~64歳に繰り上げ請求することも可能ですが、それを選択した人は、受け取る年金額が開始年齢を早めるにつれて減ります。

逆に、支給開始年齢を66歳以降にする「繰り下げ請求」も可能で、その場合、受け取る年金額は年齢が高くなるにつれて増えていくことも覚えておいてください。

② 若くても満額もらえる障害基礎年金

公的年金には、民間損保の所得補償保険にも似た機能がついていることを知っていますか?

それが障害基礎年金です。

まだ若くても、病気やケガによって、心身に何らかの障がいが残ってしまったときには、普通に働いて収入を得ることが難しくなってしまいます。

そこで、現行の公的年金制度では、障がい者と認定された人に対しては、年齢や加入年数に一切かかわらず、障害年金を支給してくれるようになっているのです。

支給額は、障がいの程度によっても異なります。

介助は必要ではないが働くことが困難な2級障害の給付額は、老齢基礎年金と同額の年約79万円(月額約6・6万円)となっていて、常時介助が必要な一級になると、その1・25倍の約99万円(月額約8万円)も支給されるのですから、これはあなどれません。

また、障がいの認定を受けた人に、18歳未満の子供がいた場合、子供ひとりにつき約23万円(3人めからは7万6000円上乗せ)をプラスして支給してくれますので、一家の大黒柱にとっては、なかなか心強い保険といえそうです。

③ 年間120万円もらえる遺族基礎年金

公的年金は、生命保険としての機能も兼ね備えています。すなわち、加入者本人が亡くなっても、家族に対して行われる給付もあるのです。

それを実現しているのが遺族基礎年金です。

家計を維持していた一家の大黒柱が亡くなっても、残された妻子が生活に困らないようにと設けられているもので、基本支給額は、老齢基礎年金と同額の79万円。支給期間は、将来、妻が自分の年金をもらえるようになるまで。

加えて、これまた障害基礎年金と同じく、子供が18歳になるまでは、ひとり当たり約23万円（3人めからは7万6000円上乗せ）が支給されるのです。

もし、18歳未満の子供2人を残して、一家の家計を支えていたお父さんが亡くなったときには、年間124万円も支給されますから、これはかなり強力な保障と言えそうです。

これだけの給付が受けられる民間生命保険に加入しようと思ったら、決して安くない保険料が別にかかるでしょうから、年金を増やしつつ、生命保険機能もオマケでついてくると考えたら、「かなりオトクな保険」であるのは間違いありません。

この点をしっかりと押さえていたら、果たして、毎月何万円もの保険料を払って民間生保に加入する必要が本当にあるのかどうか、かなり疑わしく感じるでしょう。

公的年金の三給付とは？

種類	状況	基礎年金の給付額（年額）
老齢年金	高齢になった	78万8900円 （40年加入）
障害年金	事故などで障がいを負った	1級＝98万6100円 2級＝78万8900円 （子の数に応じて加算）
遺族年金	一家の大黒柱が亡くなった	妻と子供1人＝101万5900円 （子の数に応じて加算）

どの制度に加入しているかにかかわらず、すべての人は、老齢、障がい、遺族の三つの給付を受けられる。

3 厚生年金が有利な3つの理由とは？

老齢、障害、遺族の基礎年金給付は、すべての国民に与えられる公的年金のベースとなる部分の保障ですから、国民年金だけに加入している人が特別不利になることはありません。

ところが、厚生年金には、独自の給付がいくつか設けられており、それを含めて比較すると、国民年金との間に明確な格差が存在しているのです。

なお、公務員向けの共済年金の二階以上の給付内容は、厚生年金とほぼ同じですので、以下に出てくる「厚生年金」についての記述部分は、共済年金も共通するものと解釈しておいてください。

①夫婦で月23万円もらえる老齢厚生年金

厚生年金加入者は、基礎年金と同額の定額部分に加えて、報酬比例部分の年金ももらえるのが国民年金に加入している人との最大の違いです。

在職中には、収入に応じた保険料を納めているのですから、当然、給付を受けるときにも、これまで納めた保険料に見合った額の年金を受け取れるわけで、それはそれで理にかなったしくみと言えます。

支給開始年齢は、老齢基礎年金と同じく原則65歳ですが、国民年金と異なるのは、60歳～64歳までの期間に、報酬比例部分が支給される点。

たとえば、65歳から満額の179万円を受給できる人なら、そのうち65歳にならないと受給できないのは、定額部分の79万円のみ。残りの報酬比例部分の100万円については、60歳から受給できるのです。

ただし、この報酬比例部分の支給開始年齢は、年々高くなるように設定されていて、男性昭和36年4月2

厚生年金と国民年金の受給額比較

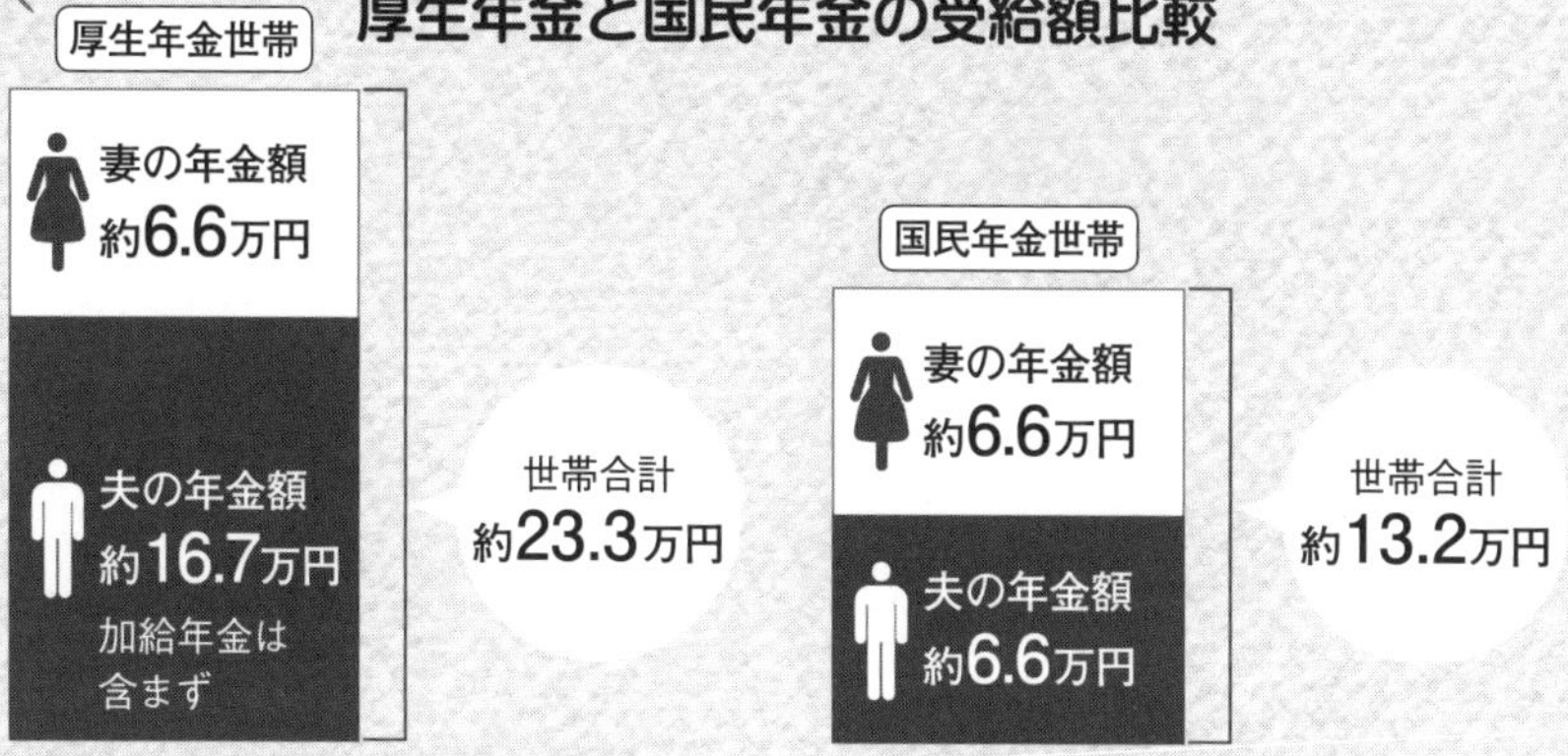

・夫は平均的収入（平均標準報酬36.0万円）で40年間就業
・妻はその期間全て専業主婦

・夫は自営業・自由業のみ「国民年金」加入期間40年
・妻は国民年金に40年間保険料納付済み

給与額に比例して保険料を収めた厚生年金加入世帯のほうが夫婦２人分の受け取り年金額も当然多くなる。

日以降、女性昭和41年4月2日以降に生まれた人は、報酬比例部分、定額部分ともに、全額65歳からの支給となります（102ページ参照）。

老齢厚生年金の受給額は、加入全期間における平均給与、加入期間、生年月日、物価スライドの4つの要素によって計算されます（平均給与は、平成15年3月まではボーナスを除く額、同年4月からはボーナスも含めた額）。

国民年金が、40年間満額納めても夫婦2人で月に13万円程度しか受給できないのに対して、厚生年金は、夫婦2人の標準的な世帯で月23万円程度を受給していると言われていますから、この差は決して小さくはありません。

将来受給できる報酬比例部分のめやすとしては、40年加入していた人で、平均給与10万円当たり34万円くらいです。平均給与30万円なら、かける3で102万円になり、これに老齢基礎年金（加入年数×2万円がめやす）を足した額を65歳から受け取れると予測することができます（いずれも男性・昭和36年4月生まれ以降、女性・昭和41年4月生まれ以降の人のケース）。

ただし、これはかなりアバウトな試算ですので、ひとつのめやすにしかなりませんが。

※現在は、原則として65歳から支給されることになっているが、この支給開始年齢は、段階的に引き上げられた経緯があるため、生年月日（女性は男性より5年遅れ）によっては60歳から64歳で支給開始。また、原則65歳支給開始となっても、報酬比例部分だけは60歳から受給できた（例・60歳から64歳までは年100万円、65歳から満額の年200万円など）が、こちらも、段階的に引き上げられ、男性は、昭和36年4月2日以降生まれ、女性は、昭和41年4月2日以降生まれは、全額が65歳支給開始となった。

② 年下の妻がいると年40万円もらえる加給年金

厚生年金の基本的な考え方は、いまだに一家の大黒柱の夫と専業主婦をモデルとした夫婦2人世帯をひとつの単位としています。

そのモデル世帯においては、ひとつ困ったことが起こります。それは、長年働いてきた夫が退職したとき、年下の妻がいると、その妻が自分の国民年金を受給できるまでの数年間は夫ひとりの年金だけで生活していかねばならず、それだけでは生活が苦しいのは明らか。

そこで、厚生年金では、受給開始時に一定の要件に該当した妻がいる場合には、家族手当の意味合いを持つ「加給年金」というのを支給しているのです。

いったい、いくらくらいだと思いますか？

とりあえず昭和18年4月2日以降生まれの夫が厚生年金の受給をスタートしたとすると、妻を扶養している夫にプラスして支給される加給年金の額は約23万円。これに特別加算額が約17万円プラスされてなんと年間計約40万円も！

加入期間の長さや平均給与額にかかわらず、年下の妻がいるというだけでそれだけ支給されるのは、長年、安月給だったために将来の年金額はあまり期待できないと思っている人や、国民年金の未納期間があって、人よりも加入期間が短い人にとっては、地獄に仏のような話でしょう。

ただし、この加給年金をもらうためには、夫が厚生年金単独で20年以上加入していて、逆に妻のほうは厚生年金に20年以上加入していないことが要件（夫と妻は入れ替わってもＯＫ）となっていますので、その点だけはしっかりと頭に叩き込んでおいてください。

※加給年金＝厚生年金の65歳支給開始時（または定額部分の年金支給開始時）に、まだ年金の受給開始年齢に達していない配偶者がいる人に加算される家族手当のこと。

まず、報酬比例部分のみを受給している期間は、加給年金はなし。満額受給開始時にまだ年金をもらえない妻がいたら、夫の年金に加給年金がプラス。そして、妻が65歳になって国民年金をもらえるようになったら、加給年金の支給はなくなる代わりに、今度は妻本人に「振替加算」が支給されるようになる。

③どんだけ欲張りなのか振替加算

年下の妻がいる人だけが受けられる超オトクな加給年金という特典は、当然のことながら、妻が公的年金の受給開始と同時に停止となってしまいます。

たとえ数年間だけとは言え、40万円もの家族手当を支給してくれただけでもありがたいと感謝しなければなりませんけれど、欲を言えば、妻が年金をもらい始めてからも、いくらか家族手当を支給してくれると助かるんだけどなぁ、なんて思いますよね。

さすがに、そこまでのワガママはかなえてもらえません、といいたいところですが、厚生年金がスゴイのは、そんな夢のような話まで実現してくれるところ。

それが振替加算です。どういう給付かといいますと、妻が年金受給をスタートして、加給年金の支給が停止した後、今度は、妻がもらい始めた年金に振り替えて、家族手当が支給されるんです。

支給額は、年間数万円程度と、加給年金と比べると、かなり少なくなりますが、すでに妻も年金をもらい始めていることからすれば、実質的な見入りは確実にアップします。

なお、年金財政が厳しい折に、そこまでの特典を付与するのは適切でないとされて、昭和41年4月1日以降生まれの人は、振替加算がもらえなくなってしまいました。本書刊行時に40代後半以上の人は、自分が該当するかどうか一度チェックしてみてください。

厚生年金は、何歳からもらえるの？

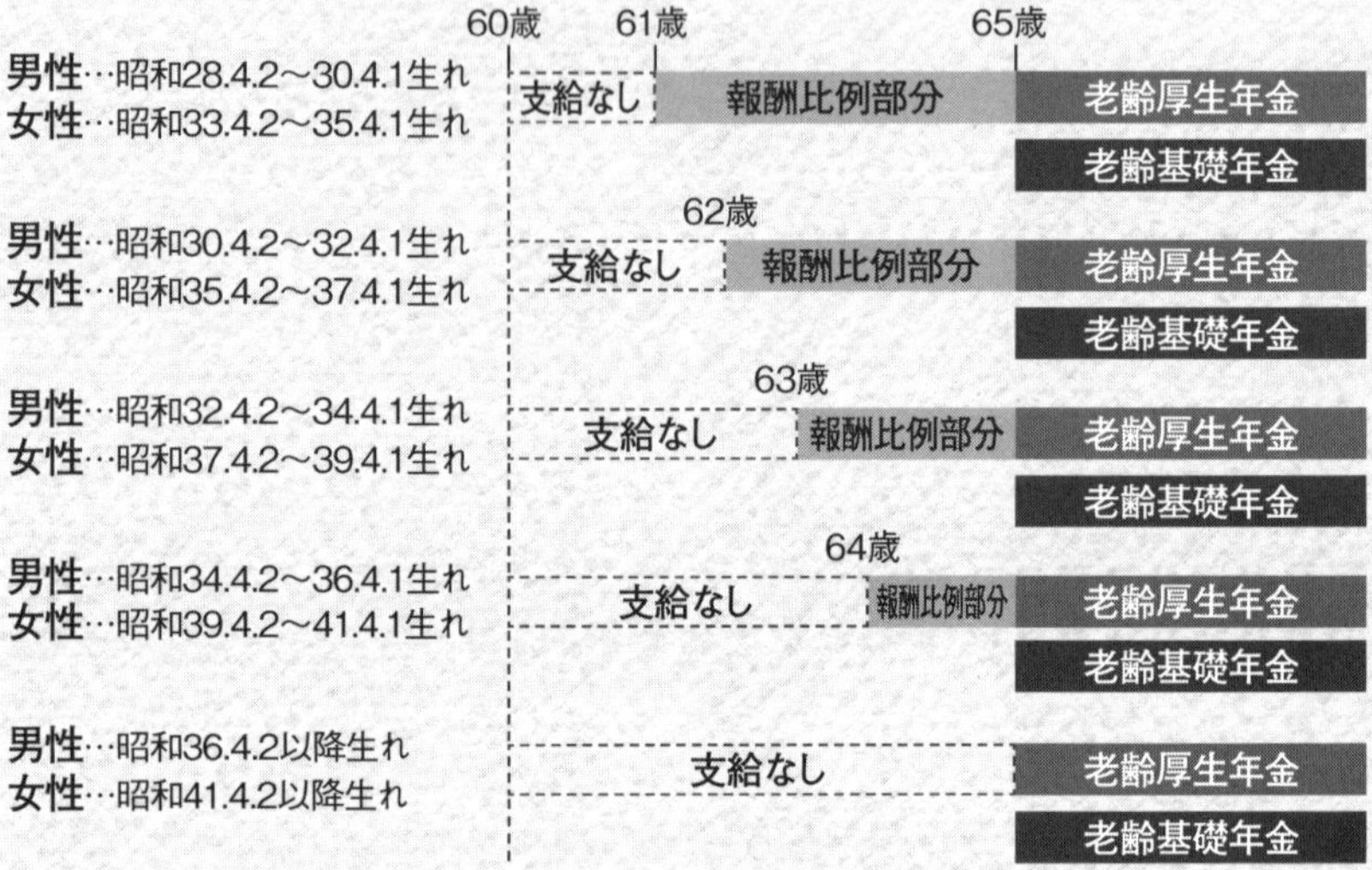

加給年金とは？

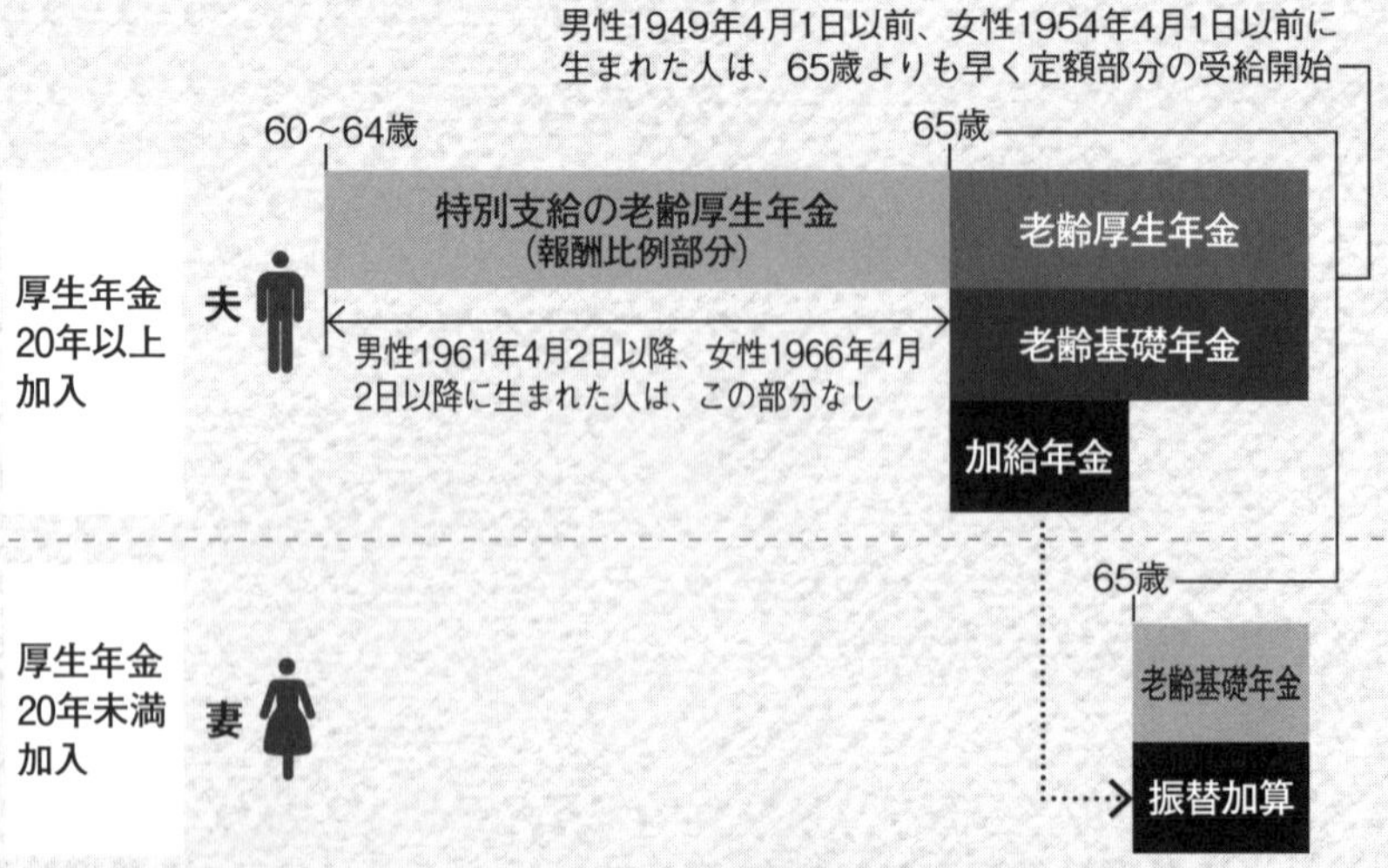

※1966年4月2日以降に生まれた人には振替加算は支給されない

4 厚生年金だけにある上乗せ給付とは？

国民年金にはないのに、厚生年金にはある特典は、まだまだ続きます。

④1カ月でも25年計算の障害給付

運悪く、何らかの障がいを負ってしまったとき、厚生年金加入者は、障害基礎年金の上乗せとして、障害厚生年金がプラスされます。

たとえば、2級障害と認定された場合、将来65歳からもらえる老齢厚生年金と同額が支給されます。というと、加入期間が短い人はわずかな額しかもらえないと思いきや、この給付額計算においては、最低300カ月（25年）が保障されているのがミソ。

つまり、まだ会社勤めをし始めて1カ月しかたっていない若者が交通事故に遭って、身体に障がいが残ったときでも、勤続25年の人とまったく同じ条件で、障害厚生年金が支給されるのです。平均月収30万円なら、年間48万円ももらえる計算で、障害基礎年金79万円を足すと合計127万円にもなります！

驚くのはまだ早い。65歳未満の年金をもらえない妻がいる場合には、家族手当として加給年金までプラスされるのですが、これが年額にして約40万円！（昭和18年4月2日以降生まれの場合）。

ややこしいので整理しますと、妻と18歳未満の子供が2人いる夫が2級障害と認定された場合、国民年金加入者は、障害基礎年金79万円と、子供23万円かける2の46万円で、計125万円がもらえます。

一方の厚生年金加入者は、それらに加えて、障害厚生年金48万円と妻がいるために支給される加給金40万円の計213万円となって、国民年金の人よりも年間

88万円も多くもらえることになるのです。

ほかにも、厚生年金ならば、国民年金（障害基礎年金）では最初から支給の対象にはならない比較的軽い3級障害に認定された人でも、額は少なくなる（最低保証年59万円）ものの、しっかりと支給対象となったり、さらには、3級よりも軽い障がいが残ったときでも、一時金として報酬比例年金額の2倍（最低保証115万円）が給付されるなど、もう「これでもか」といわんばかりの上乗せ給付が行われるのです。

⑤妻ひとりで年108万円の遺族給付

一家の大黒柱が亡くなったときも、国民年金と厚生年金では、大きな差が出ます。

第一に、厚生年金加入者には、遺族基礎年金の上乗せとして、遺族厚生年金を受け取れます。

支給額は、障害基礎年金と同じく、65歳から受給できる額と同額。

この給付も、障害厚生年金と同様に、最低保証として25年間加入していたものとして計算されますので、平均月収30万円ならば、1カ月しか加入していない人でも、年間48万円ももらえる計算です。

決定的なのが受給資格です。

遺族基礎年金にはひとつだけ大きな落とし穴がありまして、夫に先立たれた妻に、もし18歳未満の子供がいない場合には、給付の対象とはならないのです。あくまで妻子のある一家の大黒柱にもしものことがあったときにカバーしてくれる制度ですので、子供がいない妻のめんどうまではみてくれないわけです。

太っ腹な厚生年金はそんなセコイことは言いません。18歳未満の子供がいない妻に対しても、遺族厚生年金を単独で支給してくれるのです（ただし、20歳代は5年間の期間限定支給）。

しかも「夫死亡時に、40歳以上の妻」については、再就職が難しいことが予想されるため、「中高齢寡婦加算」なるオマケつき。そのオマケがなんと年間60万円も！　先の試算額と合わせると計108万円が子供がいなくても支給されるのです！

厚生年金の手厚さを知ると、国民年金がすごくソンなように思えてくるから不思議です。

国民年金と厚生年金の給付比較・その1

障がいを負ったとき

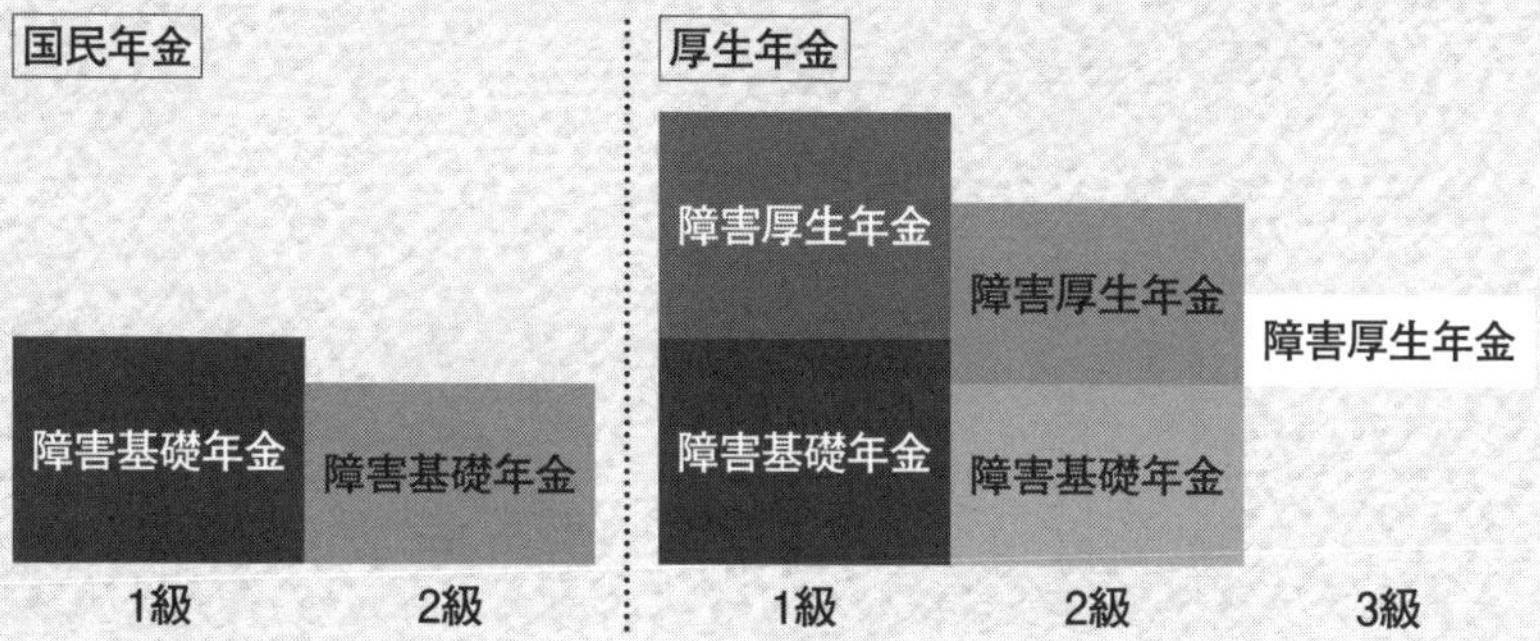

もし障がいを負ったとき、国民年金加入者は、1級または2級の種別のどちらかで基礎年金部分の給付が受けられる。厚生年金加入者は、それらに上乗せがあるばかりか、3級と認定された場合でも支給を受けられるのが大きな違い。

国民年金と厚生年金の給付比較・その2

加入者が亡くなったとき

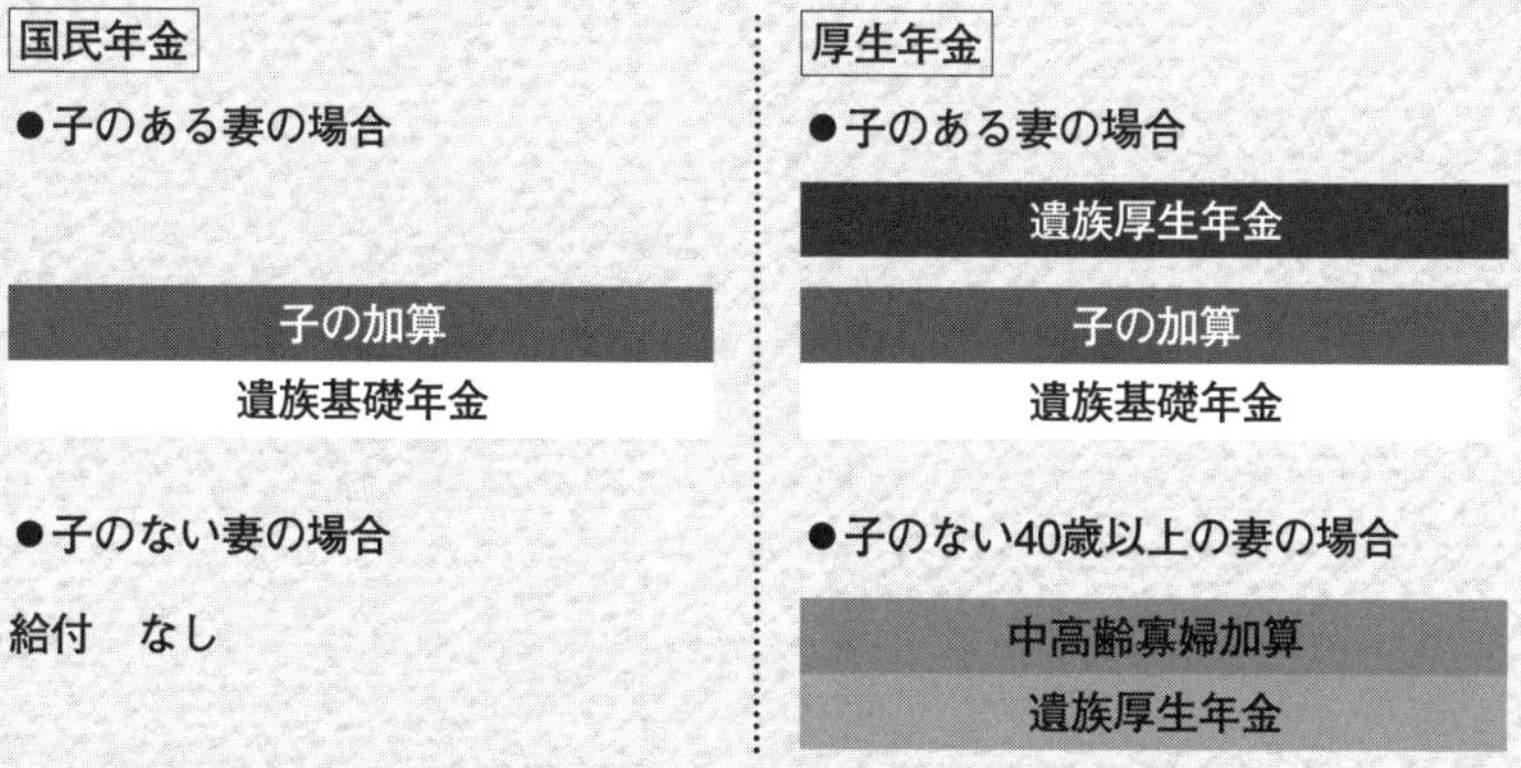

加入者がなくなったとき、国民年金は、残された妻に18歳未満の子供がいないと何の給付も受けられないのに対して、厚生年金ならその分の給付も受けられるうえ、40歳以上の妻には中高齢寡婦加算までついてくる。

5 国民年金加入者だけの特典はないの？

厚生年金の有利さばかりが目につきますが、一方で、厚生年金にはなくて国民年金だけにある給付というものは存在しないのでしょうか。

結論から述べますと、あることはあります。といっても、どちらかといえば、有利な給付というより、制度の網の目からこぼれ落ちた人を救済する意味合いの給付といえるものです。

5年間だけもらえる寡婦年金

真っ先に上げられるのが、「寡婦年金」と呼ばれる給付です。

これは、すでに国民年金の受給資格を満たした夫が受給開始前に亡くなった場合に、国民年金から遺された妻に支給されるもので、支給額は、夫が65歳からもらう予定だった老齢基礎年金の4分の3。

長年保険料をかけてきて、「さぁ、もうすぐ年金がもらえるぞ！」となった矢先に、夫が亡くなると、妻としては、あてにしていたものが露と消えるわけですから、生活設計を根本から見直さないといけなくなってしまいます。

そこで、夫が本来もらえるはずだった4分の3は、残された妻に支給しましょうというのが「寡婦年金」の主旨です。

ただし、覚えておきたいのは、妻が死ぬまでもらえるわけではなく、60歳からの5年だけという点。

要するに、寡婦年金は、自分の年金をもらえるようになるまでの〝つなぎ〟としての役割を果たすわけです。したがって、65歳になる前に自分の国民年金を繰り上げ支給したりすると、その時点で受給資格を失い

寡婦年金とは？

国民年金加入の夫が亡くなったとき、妻に支給される年金。支給額は、夫が受け取ることができた老齢基礎年金額の4分の3。ただし、受け取ることができるのは、妻が60歳になってからの５年だけ。

支給要件

- 亡くなった夫が第1号被保険者期間のみで、保険料納付済期間と免除期間を合わせ25年以上ある
- 婚姻期間（内縁も可）が10年以上ある
- 夫が障害基礎年金や老齢基礎年金を受給していない
- 夫が妻を扶養していた

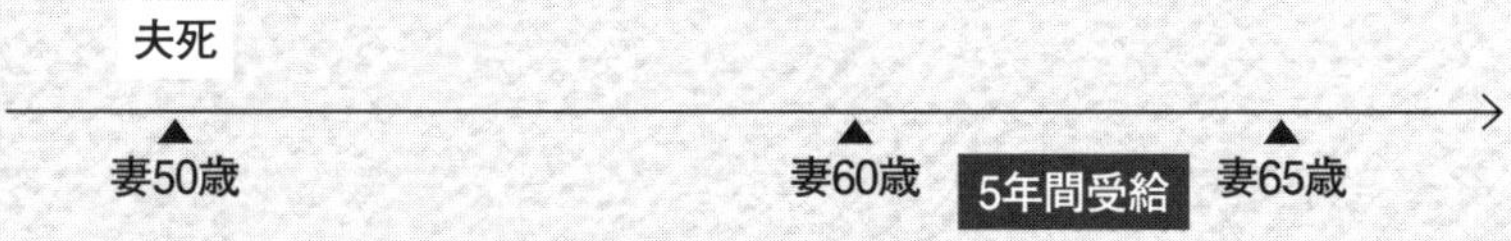

ますので注意が必要です。

また、結婚してすぐ亡くなった場合（10年以上が要件）や、すでに再婚してしまっている場合も支給されません。

では、もっと若いうちに夫が亡くなって、妻に子供がいなかったらどうなるのでしょうか。

さすがにそれはもう何もなしと思いきや、そんな不幸をカバーしてくれる給付がひとつだけありました。「死亡一時金」と呼ばれるもので、国民年金の保険料を納めた期間が3年以上あれば、妻または夫に支給される、いわば葬式代のようなもの。

支給額は、加入年数によって変わるしくみで、最も短い3年以上15年未満で12万円、最も長い35年以上でも32万円。

寡婦年金とのダブル受給は認められず、どちらか一方の選択制ですので、夫（または妻）が亡くなっても、公的年金からほかには何ももらえない場合のみ支給される〝最後のトリデ〟とも呼ぶべき給付なのです。

6 企業年金って、どこがどうオトク？

厚生年金に加入している人でも、勤務先の会社に企業年金制度がある人とそうでない人とでは、将来受け取れる年金に大きな差が出ることを知っていますか？　それが一・二階部分と三階部分の格差です。

企業年金のなかでポピュラーな厚生年金基金を例にとると、「基本年金」と言って、法律で決まった給付を行う部分に注目。このなかに、基金が独自に運用した成果を給付に反映している「プラスアルファ」があるのが、一般の厚生年金加入者と異なる点です。

これにより、少なくとも1・4パーセント程度は、一般の厚生年金受給者よりも受給額が多くなるようになっています。

厚生年金基金は、老齢厚生年金の報酬比例部分を国に代わって運用する「代行」が認められていて、より巨額の資金を運用することで有利な利回りを期待できるからです。

その代わり、基金は、代行部分を一定以上上回る給付を行うことを義務づけられていて、運用によって出たメリットを給付に反映させないといけないのです。

もっとも、運用利回りが極端に低下してしまったいまでは、運用メリットが出るどころか、約束した利回りに足りない分を母体企業が穴埋めしなければならなくなっています。そのため、「代行」を国に返上して、基金を解散するところが続出しているのが現状です。

年金月50万円の秘密は加算年金

プラスアルファ部分は、あくまで厚生年金の報酬比例部分を基金が運用した結果増えるオマケのようなものでしたが、それとは別に、企業年金では、最初から、法律で定められた部分を超えた独自の制度を設けて運用しているのです。

これが「加算年金」と呼ばれるものです。

年金の性格としては、公的年金というよりも、完全なる私的な年金ですから、自由に制度設計できます。給与・ボーナス、退職一時金などと同じく、報酬面の労働条件のひとつとしてとらえるべきものです。

厚生年金基金ではない企業年金、つまり国の代行をしていない企業年金は、プラスアルファ部分がなく、この加算年金だけが、厚生年金の上乗せとなるのです。

加算年金によって、約2割程度は、厚生年金だけの人よりも給付が多くなるのが一般的です。

経営危機に陥った某国内大手航空会社のOBたちは月50万円の年金をもらっていると報道されたことがありましたが、現役時代の給与に比例した厚生年金に、加算年金までプラスされれば、その程度の額になるの決して不思議ではありません。

加算年金は、それだけ有利な制度だけに、縛りもあり、たとえば一定以上加入年数（勤続10年など）がないと支給されなかったりします。

厚生年金基金とは？

企業年金の一種で、本来国が支給する老齢厚生年金の一部を代行し、企業・業界独自の年金給付を実現している。企業の独自部分だけよりも厚生年金の一部をあわせて運用したほうが規模のメリットが得られることで、より効率的に運用できるとされている。しくみは以下の通り。

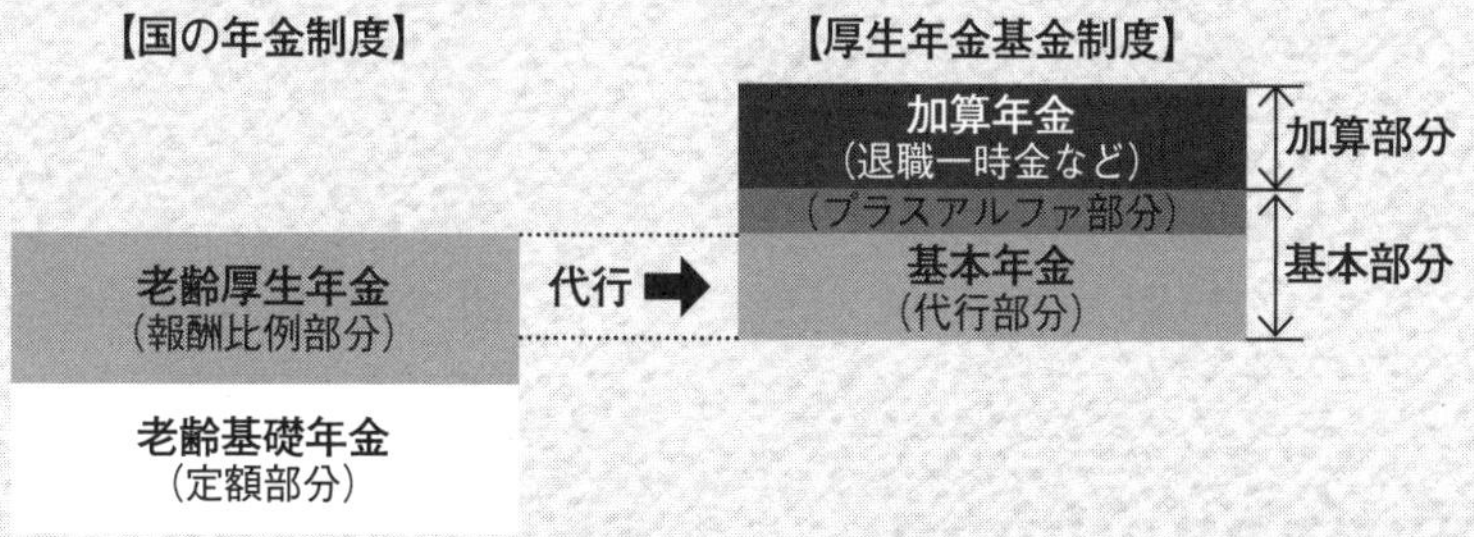

・「基本部分」＝老齢厚生年金の一部を国に代わって支給する代行部分にプラスアルファ部分を上乗せした年金（基本年金）。基金に1ヵ月以上加入したすべての人が、原則65歳から受け取れる。
・「加算部分」＝3年以上加入した人が対象。加入員期間の長さに応じて加算年金や退職一時金などが受け取れる。

7 国民年金基金って本当にオトクなの？

厚生年金に上乗せした「厚生年金基金」があるのと同じように、国民年金にも上乗せ部分を構成する基金があるのを知っていますか。

それが国民年金基金です。

国民年金の1号被保険者として、保険料を納めている人だけが加入できる制度で、年齢・性別に応じた掛け金が設定されています。

この終身タイプを選択すれば、加入時に確定した年金を65歳から死ぬまでもらい続けることができます（払込終了は60歳）。

そう言うと、画期的な制度のように聞こえるかもしれませんが、中身をよく研究してみると、民間の個人年金よりもやや有利というくらいのものにすぎません。

安全なようで実はリスクだらけ

たとえば、40歳男性が国民年金基金に加入して、毎月1万5000円を60歳になるまで20年間払い続けると、65歳から年間24万円を死ぬまでもらえます。24万円年金が増えるのは魅力です。しかし、ただでさえ国民年金の保険料負担が重いうえに、さらに負担できるほど余裕のある人はそう多くないはず。

勤務先の会社が実質保険料の上乗せ部分まで負担してくれている企業年金と比べると、どうしても見劣りしてしまうのです。

メリットとしては、月6万8000円までは、全額社会保険料控除の対象となるため、その分の税負担が軽減されること。民間生保の個人年金は年間5万円ま

国民年金基金とは

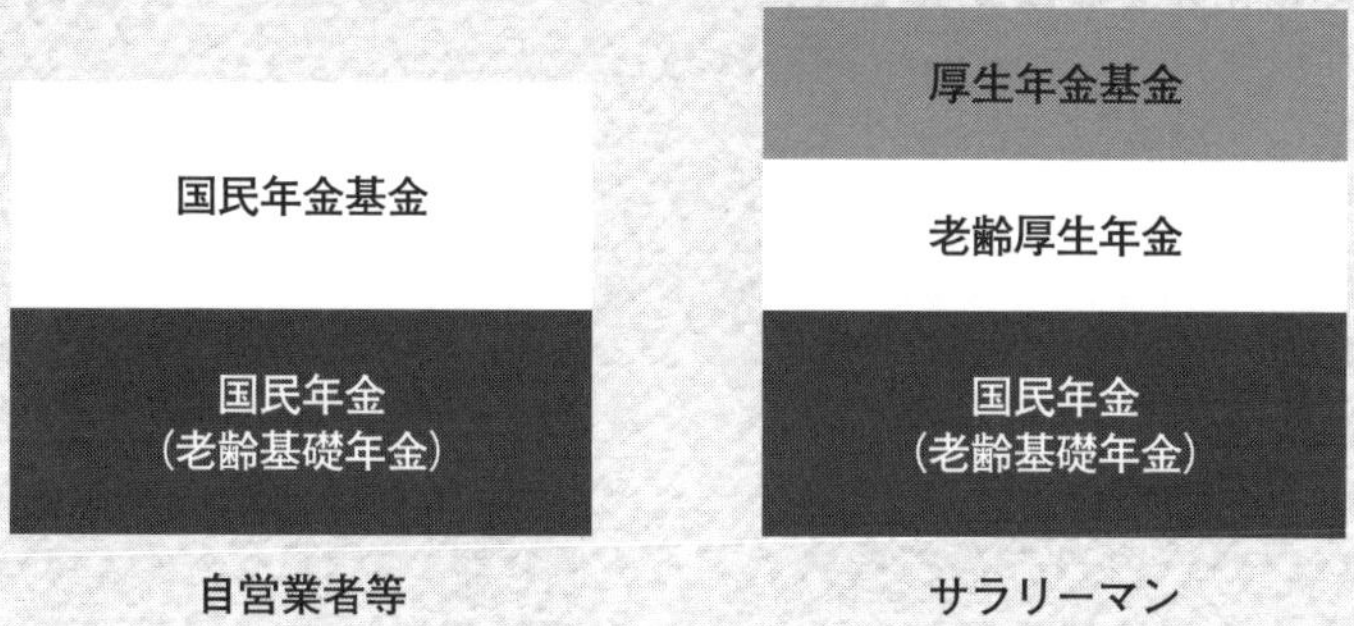

自営業など国民年金の第一号被保険者が加入できる、国民年金（老齢基礎年金）に上乗せした公的な年金制度。

でしか控除されませんので、それと比べれば、節税効果はおおいに期待できます。

逆に、デメリットとして挙げられるのは、加入時に年金額が確定されてしまうことです。いまのような超低金利時代に、わざわざ低い利回りで将来の年金額を確定させるのは、あまりにリスクが大きいです。

また、国民年金や厚生年金のように、物価スライドがありませんので、将来インフレになったときには、受け取る年金の価値が大幅に減じてしまう可能性も否定できません。

何十年も先のことは、だれにも予測不能です。にもかかわらず、あえて予測するのは、ある意味ギャンブルに等しい行為と言えるでしょう。

だったら、自分の才覚で株式や債権などの長期投資に励むほうがよほど有利かもしれません。

ただし、50歳を過ぎた頃に、もしその時点で金利水準がかなり高くなっていたら、手持ちの余裕資金を原資にして、将来の年金を少しだけプラスしておくといった方法ならば、おおいにアリでしょう。

8 年金の保険料って、いくら払ってるの？

より長く、またはより多く保険料を納めた人ほど、将来の年金額は多くなるのであれば、だれもが納得する公平なしくみと言えるのですが、残念ながら、必ずしもそうなっていません。不公平な点も実に多いのです。

① 定額でも負担重い国民年金

国民年金に加入している人、いわゆる1号被保険者は、収入の額にかかわらず、毎月定額の保険料を負担することになっています。

1カ月の保険料は、平成23年4月現在、1万5020円です。平成29年度までは毎年280円ずつ値上げされる予定で、平成29年度以降は1万6900円に固定されることが決まっています。

厚生年金などの被用者保険は、事業主が保険料を半額負担してくれるのに対して、国民年金の保険料は、全額自己負担なのが大きな違いです。20歳になったばかりの学生から、アルバイト・パートで生活している人、社保に加入していない非正規社員、自営業者など、厚生年金や共済年金に加入していないすべての人が、現状では、年間約18万円の保険料を負担しなければならないわけで、これは決して軽い負担ではありません。

そのためか、国民年金を未納にする人が年々増えていて、1990年代までは70パーセント台で推移してきた納付率は、2002年以降は60パーセント台までダウン。2009年には、59・98パーセントと、ついに6割を切るところまで落ちてしまいました。

4割強の人は、保険料を納めていないわけで、「国民皆年金」と言いながらも、この点だけみれば、年金制度そのものが破綻しつつあると言ってもいいほどの危機的状況に陥っているとみることもできるのです。

②本人負担8％の厚生年金

すべての加入者が同じ額の保険料を納める定額制の国民年金に対して、厚生年金など被用者保険は、収入額に応じた保険料を納めることになっています。

２０１１年3月末現在における厚生年金保険料は、額面給与の16・058パーセント。それだけの額を事業主と折半しますので、実質的な本人負担は、約8パーセントです。

額面給与でみると、20万円なら1万6０００円、30万円なら2万4０００円程度になる計算です。

もちろん、このなかから国民年金の保険料も自動的に納める形になっていますので、別に国民年金を納める必要はありません。

事業主が半額負担してくれているにもかかわらず、毎月の保険料が国民年金よりも高いのは、それだけ将来受け取る年金額も収入額につれて増えるのですから、決してソンではありません。

また、これまでみてきたように給付の面では、国民年金に比べて手厚くなっていることからすれば、むしろオトクな保険であるといえるかもしれません。

なお、国民年金同様、こちらも毎年値上げされることが決まっていて、２０１７年には、年収の18・３０パーセント（労働者負担9・１５パーセント）になる予定です。

③〝三階部分〟は自己負担ゼロの企業年金

では、三階建て部分＝企業年金の保険料はどうなっているのでしょうか。上乗せ部分が大きいだけに、保険料の自己負担も、さぞや一般の厚生年金加入者に比べて重いのではと、だれもが思いますよね。

ところがどっこい、現実は、一般の厚生年金と、ほとんど同じなんです。

つまり、上乗せ給付はあるにもかかわらず、追加負担は一切なしという企業年金が多いのが実情です。

負担ゼロなのに、給付に上乗せがあるなんてありえるのかと、だれもが不思議に思いますよね。

そのカラクリは、二階部分の厚生年金にあります。厚生年金の保険料は、どんな会社に勤務している人でもまったく同じパーセンテージを負担するはずなのに、なぜか、企業年金があるところだけは、二階部分の保険料を安くできるのです。

一例を挙げますと、厚生年金基金のある某大手商社に勤務している人の厚生年金の保険料は、通常よりも約2パーセント低い。その上に厚生年金基金の保険料がのっかって、初めて、二階までの保険料とまったく同じになるように設定されています。

このケースでは、厚生年金保険料は労使折半ですが、その上乗せとなる厚生年金基金分の保険料については、その三分の二を会社が負担してくれているのも、労働者負担が低い理由のひとつです。

給付が多い人ほど負担率も大きくなるどころか、給付が多い人ほど負担率が逆に低くなるという現在の日本における社会保険制度の矛盾がここでも如実に現れていると言えるでしょう。

企業年金に加入すると保険料負担は増える？

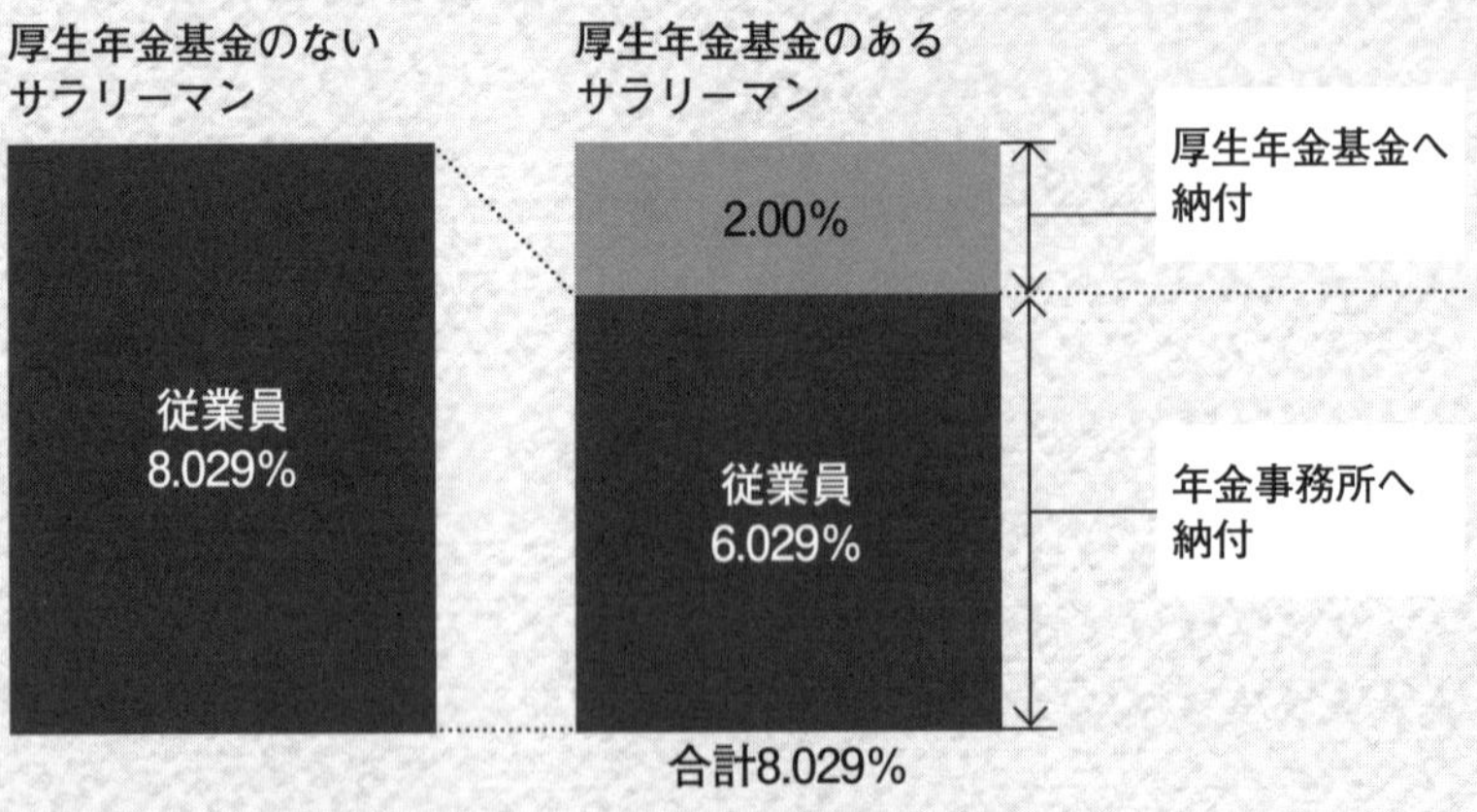

本来の厚生年金保険料から基金分の保険料を引いて国（年金事務所）に納め、基金分を基金に納付するだけで、トータルの負担額は、基金に加入していないサラリーマンとまったく同じとなる。

※厚生年金保険料率は平成22年9月現在（16.058%）のデータ

9 保険料無料で将来満額受給できる「3号」とは？

公的年金保険料の負担を世帯単位でみたとき、国民年金と厚生年金（共済年金）とでは、世帯全体で負担する保険料に大きな差が出る場合があります。

負担が少ないのは、夫に扶養されている専業主婦がいる世帯で、国民年金加入者は、夫婦2人分の国民年金保険料を負担するのに対して、厚生年金加入者では、なぜか夫のみの保険料しかかからないのです。

健保の被扶養者（扶養家族）は、別に国保に加入して保険料を負担しなくても世帯主の保険証が使えたのと同じ理屈と思われるかもしれませんけれど、年金制度には、健保のような「扶養家族」の概念は最初から存在しません。なので、妻や子供がいても、それぞれ別に保険料を納めるのがスジです。

にもかかわらず、厚生年金加入者の扶養配偶者については、3号被保険者として、保険料の納付を免除されているのは、おかしいと感じる人も多いはず。

昭和60年の年金大改正のときに、それまでは任意加入だったサラリーマンの妻も国民年金への加入が義務づけられたのですが、ただでさえ高い厚生年金保険料を払っているサラリーマン世帯がそのうえに妻の国民年金保険料を別に負担するとなると、家計への負担は大きすぎると判断されて、このような制度となってしまったのです。

とはいえ、3号被保険者の保険料負担分については、国庫が負担しているわけではありません。厚生年金の加入者全体で、3号被保険者も含めた人数分の基礎年金を負担するしくみですから、扶養配偶者のいない単身者がワリを食っているだけとも言えるのです。

10 何年払えば、将来年金をもらえる？

公的年金における負担と給付の関係を考えるうえで重要なのは、受給資格です。さんざん保険料を納めたのに、将来1円ももらえなかったらタイヘン。

そこで、いちばん大事な将来の年金部分について整理しておきましょう。

①老齢基礎年金の25年納付ルール

国民年金は、すべての国民を対象にした年金制度ですので、マジメに保険料さえ納めていれば誰でも将来受給開始年齢（原則65歳）に到達すると、老齢基礎年金を受給できるようになります。

では、何年以上、保険料を納めていれば受給できるのでしょうか。

そのへんの記憶さえ曖昧な人もいるはず。答えは、原則として60歳までに25年です。

この25年は、国民年金だけでなく、厚生年金（共済年金も）に加入していた期間を含めてもOKです。たとえば、国民年金には20年しか加入していなくても、厚生年金に5年以上加入していれば、受給資格期間の25年を満たすことになって、65歳から老齢基礎年金をもらえるようになるわけです。

しかし、国民年金は、昔、任意加入の時代もありましたので、その期間を「保険料未納」として扱われたのでは、たまったものではありません。

そこで、かつて国民年金が任意加入だった期間（昭和61年3月までのサラリーマンの妻や平成3年3月までの学生だった期間など）については、「カラ期間」と呼んでいて、年金額の計算対象にはならないけれども、受給資格期間には含めることができるようになっています。

さらに、もし60歳までに25年に達しなかった人は、受給資格を満たすまで任意加入する制度や、70歳以降も特例的に勤務先で厚生年金に加入させてもらう救済手段もありますので、未納期間が長い人でもリカバリーできる余地は、かなり残されていることも、この際にぜひ覚えておいてください。

② 1カ月加入でも受給可能な厚生年金

25年以上保険料を納めていないと、受給資格が得られない国民年金とは対照的に、厚生年金本体には、受給資格期間の要件は一切ありません。加入期間にかかわらず、原則65歳から受給できます（1年以上加入していれば、65歳よりも前に報酬比例部分のみ受給可能）。

極端なケースでは、たとえ1カ月しか加入していなくても、その1カ月分にみあった額が将来の年金額に反映されるわけです。

しかしそこで、ひとつだけ決定的な要件がありまして、老齢基礎年金の受給資格を満たしていることが大前提となっています。

つまり、60歳時点で、国民年金と厚生年金の期間を足して25年に満たない人は、たとえ厚生年金の保険料を20年払っていたとしても、年金は1円ももらえません。

厚生年金加入者は、原則65歳から老齢基礎年金と報酬比例部分をセットで受給するのが大原則で、基礎年金の受給資格のない人が報酬比例部分だけを単独でもらうことはできないしくみになっているのです（受給資格を満たしている人が、特例的に65歳前に報酬比例部分のみ受給することは可能）。

したがって、20年会社勤めした後、独立して自営業を始めた人が長期間、国民年金を未納にしたままでいると、サラリーマン時代に納めてきた保険料がすべてムダになってしまいかねないのです。

③ 退職してももらえる企業年金

受給資格についてほんとど知られていないのが三階

建て部分を構成する企業年金です。

企業年金は、公的な恩恵を与えられてはいるものの、本質的には私的な年金制度ですから、厚生年金のように、老齢基礎年金の受給資格（25年）とセットになってはいません。

それぞれ独自に規定された規約にもとづいて支給されるだけです。

一般的な企業年金を例にとると、3年未満で退職すると、給付は何もなし。3年以上勤務した人については、「脱退一時金」が、勤続年数に応じて支給されます（会社都合退職に限り、3年未満でも支給）。さらに、勤続10～20年以上になると、年金として受給できるといったようなしくみになっています。

一度転職してしまうと、それまでためた企業年金の積立分を他社にひきつげないため、年金としてのメリットがなくなってしまうのです。日本の社会は、転職すると大損といわれるゆえんがここにあります。

そこで2005年10月からは、転職するときには、脱退一時金を転職先の会社の企業年金もしくは企業年金連合会という公的機関に引きつげるようになりました。つまり、カードのポイント交換や携帯電話の番号と同じように、会社が変わっても、それまでためたポイントを持ち歩けるようになったのです。

これにより、転職するまでにためた企業年金の積立金の分も将来年金として受け取れることになっています。

④請求漏れで大損する人続出の基本年金

公的年金の一部を企業が代行している厚生年金基金の場合は、加入期間が10年以上あれば、65歳から基本年金と加算年金の両方を受け取ることができるのが基本です（退職している場合は60歳から支給）。

加入期間3年以上10年未満で退職した人は、それまでためた加算年金分を退職一時金としてもらうか、その分を転職先の企業年金（もしくは企業年金連合会）に移換するかを自分で選択するようになっています。

注意したいのは、退職一時金はあくまで加算年金分の精算ですから、たとえそれをもらったとしても、基本年金の部分（二階にあたる厚生年金として代行している部分のプラスフルファ）の請求権は、消えずに残っているということ。

基本年金は、たとえ1カ月しか加入しなかった人でも、将来、厚生年金を受給開始したときに受け取ることができるのです。

公的年金とはまったく別に請求手続きをしないともらえないため、定年まで勤めなかった多くの人が請求漏れになっていると言われています。

企業年金のある会社に勤務した経験のある人は、一度、自分の年金記録がどうなっているのか、徹底的に調べてみてください。

国民年金は何年加入するともらえる？

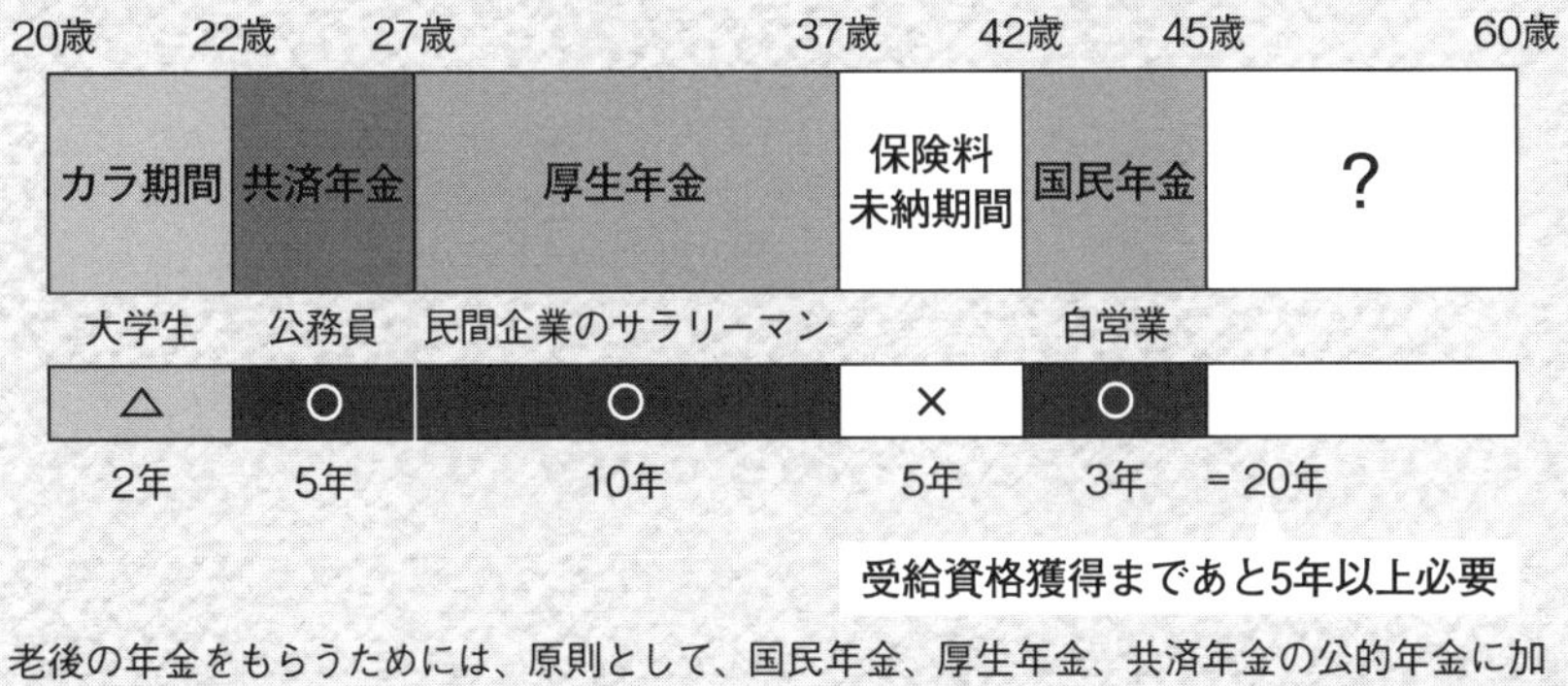

老後の年金をもらうためには、原則として、国民年金、厚生年金、共済年金の公的年金に加入して保険料を納めた期間の合計が25年以上必要。例外的に、この25年には、国民年金が任意だった昭和61年3月以前や、学生で任意加入だった平成3年3月以前に未加入だった期間の「カラ期間」も含めていい。ただし、保険料を納めていないカラ期間は年金額には一切反映されない。上のケースでは、カラ期間も含めた受給資格期間は20年になるため、あと5年以上加入すれば、受給資格が得られることになる。今後、保険料未納したため25年に達しない場合は、国民年金だけでなく、厚生年金や共済年金ももらえなくなる。

11 厚生年金に加入するとソンする人は？

国民年金と厚生年金とでは、負担と給付の両面で大きな格差が存在しています。

現在、国民年金に加入している人でも、できれば厚生年金に加入したいと思っても、加入資格がないものと決めつけている人も多いのではないでしょうか。

自分は関係なくても、家族のなかに、ひとりでも非正規で働いている人がいたら、ぜひ以下のことを教えてあげてください。

厚生年金の加入資格は、前章でみてきた健康保険とまったく同じです。

厚生年金と健康保険はセット加入ですから、「厚生年健保」というひとつの保険に加入しているととらえたほうがわかりやすいでしょう。

健保の加入要件を引用してみましょう。

---

①1カ月の所定労働日数が一般社員のおおむね4分の3以上ある

②1日または一週の所定労働時間が一般社員のおおむね4分の3以上ある

この2つの要件を満たしていれば、健保だけでなく厚生年金にもセットで加入できるわけです。

現在、非正規で働いている人は、いま一度、自分の労働時間を調べてみてください。

たとえ契約書では、要件を満たしていなくても、実態としてこの要件を満たすだけ働いている場合は、加入義務が生じますので、加入手続きをしてくれるよう、勤務先の会社に掛け合ってみるべきでしょう。

加入すると年間25万円ソンする？

厚生年金に入りたくても、なかなか入れない人がいる一方で、保険料負担が重くなるので、健保も含めた社保には、できるだけ加入したくないと思っている人も世の中には、たくさんいます。

そのニーズがいちばん強いのがサラリーマンに扶養されている専業主婦でしょう。

この層の人は、国民年金の3号被保険者として、保険料の納付を免除されているのですから、もし一人前に働いて、健保と厚生年金の保険料を負担するなんて、とんでもなくソンに思えるに違いありません。

パート勤務なら、1円もかからないところが、フルタイム勤務になったとたんに、健保と厚生年金で月に最低でも約1万4000円も給与から天引きされてしまうのですから。

社保に加入できるケースはまだいいほうです。

パート・アルバイトの年収が多くなると、夫の健保の扶養家族ではなくなり、それと同時に3号の資格まで失います。なのに、妻の勤務先の企業が社保の加入手続きをしてくれなかったら、国保と国民年金の保険料を全額自己負担しなければなりません。

その結果、場合によっては、年間25万円以上負担が増えるケースもありえるのです。

では、年収いくらまでなら、3号被保険者のままでいられるのでしょうか。

健保の被扶養者と同じく、3号被保険者も、年収130万円未満が絶対条件です。なおかつ夫の年収の二分の一未満であることが加わりますけれど、それは絶対条件ではありません。

妻が夫の年収の2分の1以上であったとしても、夫の年収を下回っていて、夫が生計維持の中心的な役割を果たしている場合は、それと認められます。

というわけで、世帯単位で年金保険料（健保も同じ）を考えた場合、どちらか一方が厚生年金に加入して、もう一方が年収130万円未満のパート勤務という組み合わせがいまのところ、いちばん社会保険料を低く抑えられるパターンといえます。

12 転職しても企業年金でトクできる?

新卒で一度就職したら、定年までひとつの企業に勤務し続ける終身雇用が崩壊しつつあるいま、だれもが少しでも条件のいいところへ転職するのが当たり前の時代になりつつあります。

そのときに、ぜひ調べておきたいのが転職先に企業年金制度があるかどうかです。

企業年金のポイント交換制度

三階建てにあたる企業年金の恩恵は、安定した大企業に勤務している人だけが享受できるものと思われていますが、必ずしもそうとは限りません。

企業年金には、大企業単独で設立されたもののほかに、大企業本体とそのグループ企業で設立されているものも少なくありません。

さらには、規模にかかわらず同業種の企業が集まって設立されている企業年金もたくさんあります。

たとえば、派遣で働く人の場合、大企業グループの派遣会社のなかには、厚生年金に加入すると自動的に所属するグループ企業の企業年金にも加入できるところもありますので、「大企業の正社員ではない自分には関係のない話」とも言えないのです。

したがって、転職するときには、給与や休日などの表面的な条件だけにとらわれず、福利厚生のひとつとして企業年金制度の充実度も「いい会社」の条件としておおいに検討したいものです。

同じ給与での募集があったとしたら、企業年金のあるところと、ないところでは、明らかに前者のほうが有利なのはあらためて言うまでもありません。

かつての企業年金は、最低でも10年以上勤務しない

転職したら、企業年金はどうなる？

転職して、企業年金基金（確定給付企業年金制度）を脱退した中途脱退者には、「脱退一時金」が支給されるが、一定の条件を満たした場合で、自ら希望すれば、脱退一時金を転職のたびに持ち運んで移換し、老後に年金を受給することができる。

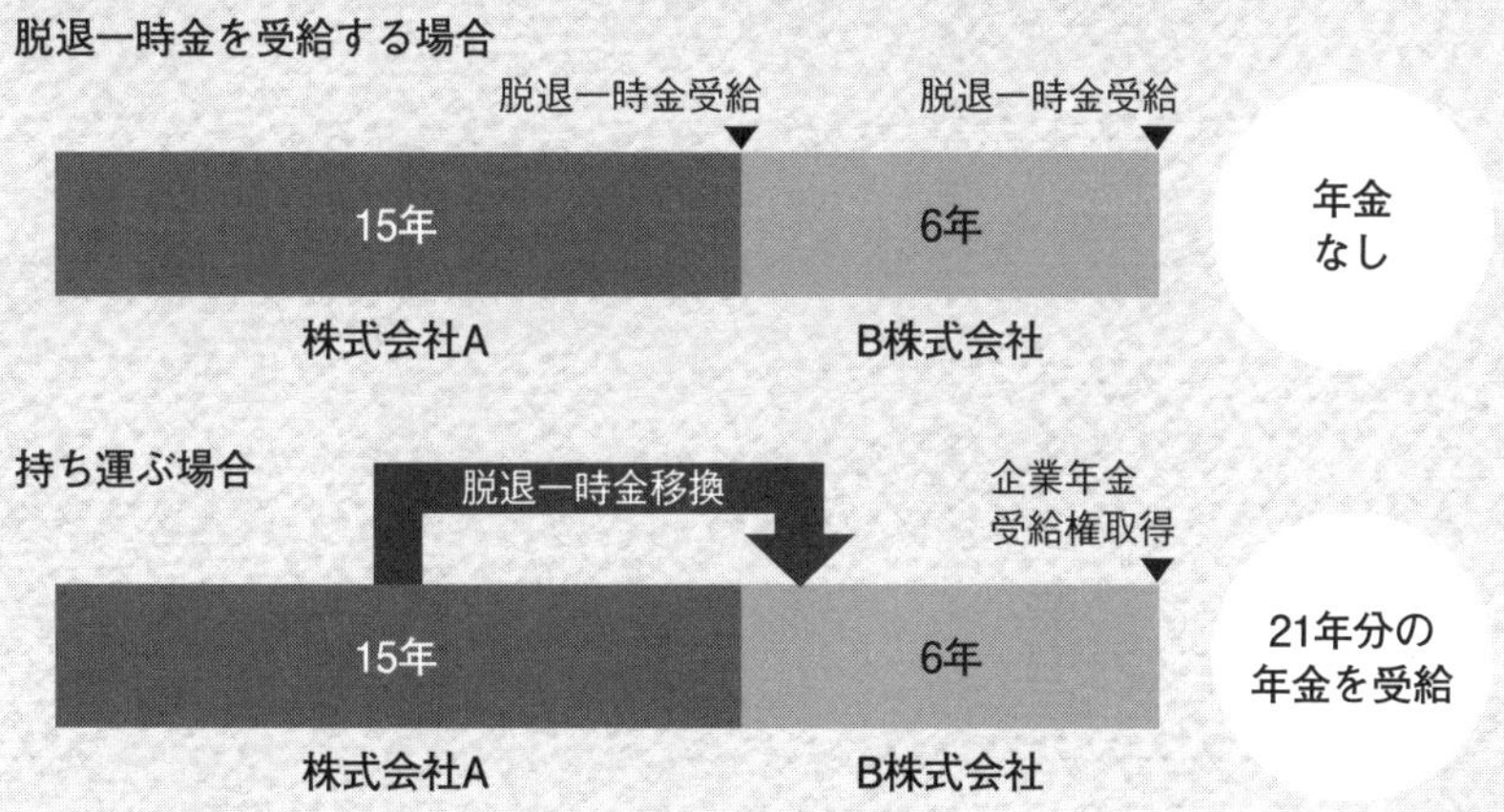

と年金としてのメリットがありませんでした。そのため、「転職すると大損」と思われていたのですが、いまは3年以上勤務すれば、それまでにためたポイントを次の転職先に移管できるようになっています。

なので、短い期間でも、企業年金に加入して払った保険料は、決して無駄にはなりません。

まったく同じ保険料を納めていても、プラスアルァ部分が将来にわたって積み立てられるのですから、企業年金のあるところとそうでないところとでは、目に見えない部分で大きな差が出てしまうのです。

これこそ知らないと大損の知識といえるでしょう。

13 知らなかったでは済まない国民年金未納のデメリットとは？

年金も医療保険と同じで、ベースとなる制度（国民年金）の保険料についての知識がないと、大きな不利益を被ってしまいます。

特に怖いのが国民年金保険料の未納です。

障害年金をもらえない！

国保は、給付が受けられなくなると、病気やケガをしたときなど、リアルタイムで生活に支障をきたすのに対して、年金は、遠い将来のことなので、すぐに困ることはないと考えがちです。

しかし、年金は、損害保険や生命保険の機能も併せ持っていることを思い出してください。

国民年金の保険料を未納にすると、それらの保障がまったく受けられない「無保険状態」に陥ってしまうのです。

障害基礎年金は、初診日に被保険者であったことのほか、「初診日の属する月の前前月までの保険料納付済み期間が加入期間の3分の2以上あること」が支給要件となっています（遺族基礎年金も同じ）。

長期間保険料を未納にしていると、もし事故や病気で障がいが残ったときに、これらの給付の対象にはならなくなってしまうわけです。

ただし、この支給要件には特例があり、2016年3月末までの間は、初診日の属する月の前前月からさかのぼって過去1年間保険料の未納（滞納も）がなければ、支給される救済措置が設けられています。

ですので、過去1年間における、保険料の未納や滞納は、できるだけ優先して帳消しにしておくのが鉄則なのですが、現実は、少し余裕ができたからといって、真っ先に国民年金の未納を解消する人は少ないはず。

そこでおおいに活用したいのが、国民年金保険料の免除制度です。

「未納」と「免除」ではこんなに違う！

国民年金には、保険料を納めることが困難な人に対して、保険料の一部または全額を免除してくれる制度があります。

保険料に関する特例が一切ない厚生年金と比べて、国民年金のほうが有利な数少ない点なのですが、「免除申請なんてしても、どうせ未納と同じ扱いなのだから、何のトクにもならない」と考える人が多いのが実情です。

しかし、そんな考えこそが「知識がないばかりに大損する」元凶となっているのです。

第一に、免除申請さえしておけば、その間にもしものことがあっても、障害基礎年金や遺族基礎年金が支給されるのがポイントです。

つまり、実質的に保険料負担ゼロ円で、もしものときに多額の給付が得られる保険に加入しているのと同じなわけです。

将来の年金についても、免除は「意味がない」どころか大アリ！

免除が認められた期間については、将来年金を受給するために必要な受給資格期間に算入してくれるばかりか、一部納めたことにしてくれるのです（全額免除の場合は半額納付として処理。ただし、学生と若年者の特例申請者は除く）。

現在、基礎年金部分の国庫負担が2分の1あるためで、何もしないで、ただ国民年金の保険料を未納にしている人は、将来死ぬまで年間1万円をもらえる権利を毎年みすみす放棄しているのと同じなのです。

困ったときには、この制度をフルに活用しない手はありません。

14 どんなときなら保険料免除が認められる？

国民年金保険料免除については、その対象者の違いによって、以下の4つのパターンがあります。

① 無理しないで済む失業特例免除

本人が失業している事実を雇用保険の離職票や受給資格者証等の写しによって証明すれば、前年の収入額に関係なく、毎年7月から翌年6月までの一年間の保険料が全額免除されます（ただし、同じ世帯に属している家族がいれば、その家族も審査対象になる）。

免除された期間は、半額だけ納めたとして処理してくれます（全額免除の場合）。

また、最長10年までさかのぼって追納できますので、将来年金が減るのは不安だと思う人は、再就職して余裕ができてから追納しておくと安心です（通常は、最長2年度しかさかのぼれない）。

② 年収257万円でも全額免除

国民年金の保険料を普通に納めることが困難になったとき、自分から申請すると、前年の所得額を基準に保険料が全額または一部免除される制度です。

保険料全額免除の認定ラインは、単身者で所得57万円ですが、これを給与収入に直すと、年収122万円。パートやアルバイトで生活している人の多くは、この基準を満たすはず。

扶養家族の数によっても、この免除基準は大きく異なります。

たとえば、夫婦と子供2人家族のケースでみると、年収257万円までであれば、全額免除基準をクリア。

思ったよりもハードルは低いのです。

全額免除のほかにも、3分2免除、半額免除、3分の1免除の3パターンがあり、免除額が少なくなるにつれて、所得基準が緩和されるしくみです。

③ 親と同居でも不利益なし 若年者納付猶予

本人の所得が免除基準内であっても、同じ世帯に属する同居の家族全員が審査対象となり、ひとりでも所得が審査基準を超えていたら、免除申請は却下されてしまいます。

そんな不都合を解消するために設けられているのが「若年者納付猶予制度」です。

ほかの年齢層に比べて所得が少ない20歳代の若者については、特例的に、本人と配偶者（妻または夫）の所得のみを対象に免除の審査が行われるようになっていて、単身者の場合は、同居している親の所得額が免除基準を超えていても適用されるのです。

この特例によって免除が認められた期間については、受給資格期間（将来年金をもらうためには最低25年必要）に算入されるほか、障害基礎年金の対象になります。なので、何の申請もせずに未納しておくよりはるかに有利です。

ただし、免除された期間については、将来の年金額に反映される特典は付与されません。

④ 卒業するまで大目にみてくれる 学生納付特例

20歳以上の学生については、あらかじめ申請を出しておくことで保険料を全額免除してくれる特例が設けられています。

所得が一定以下（半額免除基準と同じ）であることが条件ですが、同居の家族の所得は審査対象から外してくれますので、学生であれば、ほとんどの人はその基準を満たすでしょう。

この制度による特典は、若年者納付猶予制度とまったく同じ。すなわち、免除が認められた期間は受給資格期間に算入され、障害基礎年金の対象にもなるものの、将来の年金額には反映されません。

年収いくらなら、国民年金保険料免除になる？

国民年金保険料全額免除基準

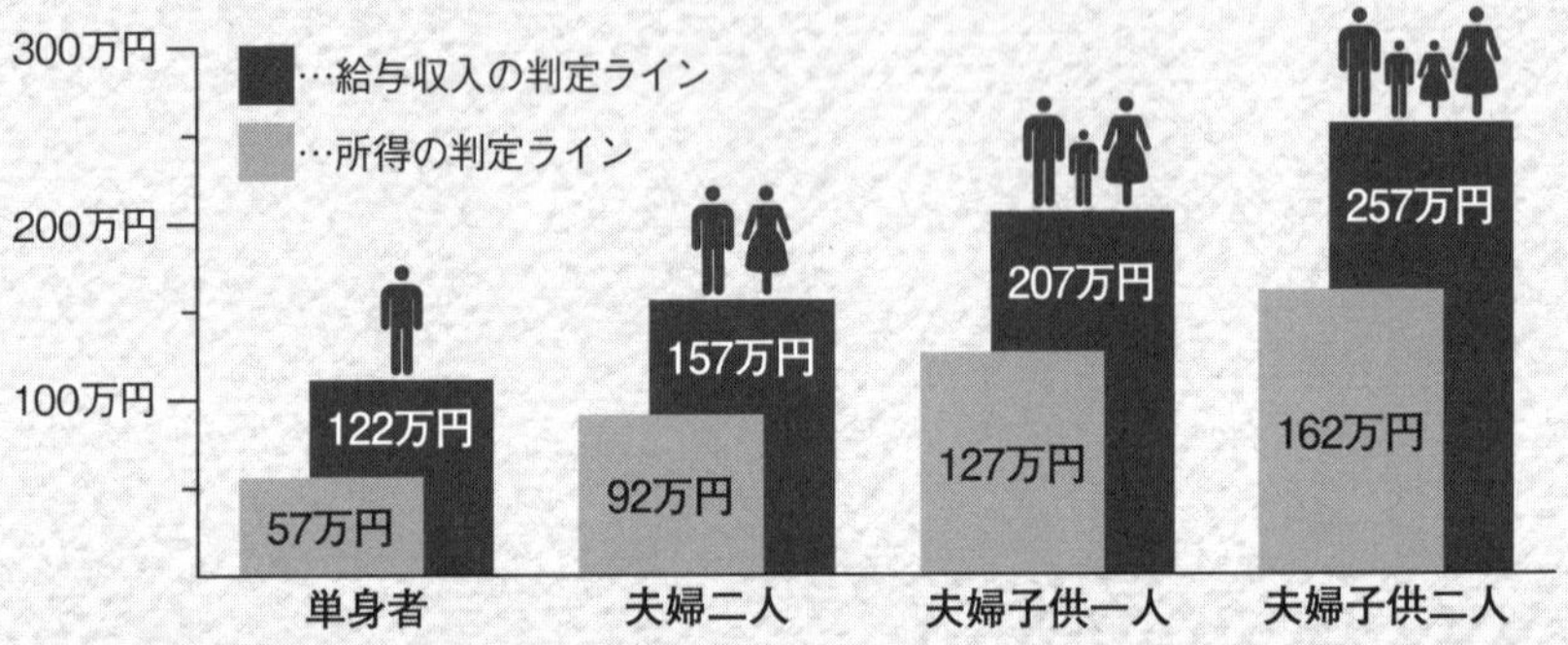

厚労省の試算によれば、単身者で57万円、夫婦２人世帯で92万円、夫婦と子供ひとりで127万円となっている。しかし、これらの数字は、いずれも、年間の所得額でみているため、給与収入に直すと、上の図のようになり、その判定ラインのハードルは意外に低いことがわかる。また、国保保険料の高い人などは、このラインよりも多い収入でも全額免除が認められる可能性もある。

保険料免除の種類とその扱いの違い

保険料免除制度の種類		受給資格期間にカウントされるか？	免除された期間は将来の年金額に反映されるか？
失業特例免除（全額免除）		○	△　全額納付の年金額の1/2
申請免除	1/4免除	○	△　全額納付の年金額の7/8
	1/2免除	○	△　全額納付の年金額の3/4
	3/4免除	○	△　全額納付の年金額の5/8
	全額免除	○	△　全額納付の年金額の1/2
若年者納付猶予		○	×
学生納付特例		○	×
保険料未納		×	×

保険料未納との違いは、申請して認められると、どの免除でも免除期間も受給資格期間に算入してくれる点。また、失業特例免除と申請免除は、納付した分よりも多く保険料を納めたこととして扱ってくれるため、かなり有利（全額免除は納付ゼロ円で半額納付として扱われる）。なお、1/4免除、1/2免除、3/4免除の承認を受けた場合、減額された国民年金保険料を2年以内に納めなければ未納扱いとなるので注意したい。また、いずれの免除も10年以内であれば追納できる。

第4章　雇用保険編

失業しても
生活費確保できる
社会的安全網

序 失業したら明日から生活費はどうする？

4章のストーリー

最近、業績悪化によるリストラで、22年間勤務した会社を退職せざるをえなくなってしまったEさん（44歳）。小学生の2人の子供と妻との家族4人の生活をこれからどう支えていけばいいのかを考え始めると、すっかり途方に暮れてしまいました。

このトシでは、すぐに次の転職先はみつかりそうもない。多少の貯えはあるものの、それも失業が長期化したら、たちまち枯渇してしまいかねません。

唯一の頼みの綱は、雇用保険ですが、その内容を調べてみてビックリ。昔、同じ部署の同僚が退職したときには、確か一年近く給付金がもらえたはずなのに、いまは最長でも5カ月くらいしかもらえないらしく、そのうえ、8割と思っていた給付額は、いつのまにか5割にダウンしてしまっていたのを知ったからです。

これでは、とてもやっていけないと、ますます意気消沈してしまいました。

理論武装なしで玉砕覚悟？

雇用不安が高まるなか、数ある社会保険のなかでも、失業という深刻な危機に対処してくれる雇用保険は、いまやだれにとっても欠かせない貴重なセーフティーネットになりつつあります。

にもかかわらず、雇用保険については、失業しそうになって初めて調べる人が多いのが現実です。

知識がない人ほど、いきあたりばったりで行動しがち。その結果、「こうすれば、もっと給付が受けられたのに」と、あとで後悔することが多いのが現実です。

社会保険制度は、その人の状況に応じて、そのつど柔軟に対処してくれたりはしません。あらかじめ決まったルール通りに適用されるだけなのです。

したがって、Eさんのように、雇用保険に関して何の知識もなく退職日を迎えるようでは、先が思いやられます。ただでさえ転職活動で苦労しがちなところに、余計に不安感が増大するでしょう。

ふだんから雇用保険についての知識は仕入れておき、いざというとき、どう行動すればよいのかくらいは考えておきたいもの。

いわば防災訓練のようなもの。防災訓練を受けたことのある人ならば、避難路の場所や緊急時の対処法が、何となく頭に入っているものですから、いざ災害が起こったときでも慌てずに冷静に対処できます。それと同じく、雇用保険の基礎をマスターしておくことこそが、勤労者にとって重要な危機管理術なのです。

逆に言えば、雇用保険さえしっかりと押さえておけば、万が一のときでも、必要以上に不安感が増大することなく、短期間でピンチを乗り越えられるはずです。

1 雇用保険からもらえる手当の種類は？

では、雇用保険制度には、どのような給付があるのでしょうか。まずは全体像からみていきましょう。

①最高330日分支給の基本手当

雇用保険に加入していた人が退職して、失業の状態になったときに給付されるのが「基本手当」です。いわゆる「失業手当」と呼ばれているのがこれで、雇用保険に1年以上加入していれば、退職後に在職中もらっていた給料の5～8割が給付されます。

給付される期間（所定給付日数）は、雇用保険に加入していた年数（被保険者期間）によって決まるしくみで、10年未満90日、10年以上20年未満120日、20年以上150日となっています。

②訓練指示受けたら技能習得手当

基本手当の受給資格のある人が公共の職業訓練を受講したときには、技能習得手当が給付されます。

訓練を受講した日について、1日あたり700円（平成24年4月以降は500円）支給される受講手当と、訓練施設まで通うための交通費実費（月額最大4万2500円）に相当する通所手当の2つがあります。

どちらも、安定所が「この人は訓練を受ける必要がある」と判断されたときに出される受講指示を得たときに限って給付されるものです（後述する訓練延長給付も同じ）。

③家族と離れて暮らす寄宿手当

安定所から指示された公共の職業訓練を受講するにあたって、それまで同居していた家族と離れて暮らさないといけなくなったときに支給される手当です。

支給されるのは月額1万700円です。

地元には志望する分野の訓練がなかったために、他府県の訓練を受けるときにありがたい手当です。

④知らないとソンする傷病手当

雇用保険の受給手続き（求職の申し込み）をした後、ケガや病気で働けない期間が15日以上続いたときに、自分から申請すると支給されるのが傷病手当です。

ケガや病気で求職活動を行うことができなくなると、基本手当は支給されなくなります。その代わりに傷病手当が支給されるわけです。

支給額は、基本手当と同額。傷病手当として受給した日数分は、基本手当を受給したものとみなされて、所定給付日数から差し引かれます。

注意したいのは、基本手当の受給資格が確定した人のみ対象で、退職するときに、すでに就労不能な状態にある人は、この手当は対象外です。

ですから、健康状態を損なって退職する人は、在職中に健保の傷病手当金をもらっておくのが鉄則。健保の傷病手当金は、在職中に受給しておけば、同じ傷病で働けない状態が続く限り、退職後でも支給されます。健康が回復してから、あらためて雇用保険の申し込みをすると、基本手当を受給できるようになるわけです。

なお、働けない状態が30日以上続いたときには、雇用保険の受給期間（有効期限のこと。原則として退職の翌日から1年間）の延長申請をしておいて、健康が回復してから基本手当を受給することができます。

⑤一括支給の高年齢求職者給付金

一般の被保険者として、通常の基本手当を受給できるのは、64歳までです。65歳以上（退職日が65歳の誕生日の前日）になると、高年齢者継続被保険者と呼ばれる区分に変わり、この区分の人が退職後に支給されるのは、高年齢求職者給付金となります。

高年齢求職者給付金として支給されるのは、1年未満加入で30日、1年以上加入で50日です。

したがって、雇用保険に20年以上加入している人が64歳で退職すると150日分受給できるのに対して、同じ人が65歳になってから退職すると、高年齢求職者給付金の50日分しか受け取れなくなるわけです。

それでも、高年齢求職者給付金がひとつだけ有利なのは、一般の受給資格者のように、4週間ごとに安定所に出向いて失業認定を受ける必要がまったくなくなる点。つまり、定年や期間満了などで退職して、手続き後一度だけ失業認定を受けると、30日または50日分の手当を一括で受け取れるのです（自己都合退職は3カ月の給付制限あり）。

ちなみに、64歳までに雇用保険に加入していて、そのまま勤務し続ける人は、65歳以降も雇用保険に加入し続けられますが、一度退職して65歳以降に新たに入社したときには、雇用保険には加入できません。雇用保険に新規に加入できるのは64歳までです。

⑥いまだ使える日雇労働求職者給付金

いわゆる日雇い労働者のなかでも一定の要件を満たしていれば、失業手当を受給できるようにしているのが日雇労働求職者給付金です。

この給付を受けるためには、第一に、自分から安定所に申請して「日雇い労働被保険者手帳」の交付を受けなければなりません。そして、働いた日ごとに、この手帳を雇われた会社に提示して、印紙を貼ってもらうようになっています。その印紙が前月と前前月の分を合わせて26枚以上になったとき、はじめて、その月内の失業した日について、一日当たり4100円〜7500円が給付されるしくみです。

しかし、日雇い派遣では、申請してもなかなか手帳が交付されなかったり、失業の認定にあたっては、そのつど派遣会社に派遣契約が不成立だったことを証明してもらう文書を出してもらわないといけないなどの問題があり、いまのところ、ほとんど適用されていないのが実情です。

2 失業したら、いくらもらえるの?

われわれが一般的に「失業保険」と呼んでいるのは、求職者給付のなかのひとつである「基本手当」のことです。では、この基本手当というのは、いったいいくらくらいもらえるものなのでしょうか。

月給30万円なら月17万円もらえる

次ページをみてください。

基本手当を計算するためには、まず、退職前6カ月における1日当たりの平均給与である賃金日額を求めます。

過去6カ月の給与をすべて足して30で割ると、この賃金日額が出ますので、あとは、あらかじめ決まっている給付率をかけると基本手当がでます。これが1日当たりの失業手当です。

給付率は、賃金日額によって異なり、給与が低かった人ほど8割に近くなり、逆に給与が高かった人は5割に近くなるように設定されています。

おおざっぱなめやすとしては、月給20万円で約14万円、月給25万円で16万円、月収30万円なら17万円くらいになると覚えておいてください。

ただし、注意したいのは、基本手当には、最高でもいくらまでとしている上限額も設定されていて、その額は、退職時の年齢によっても異なり、若い人ほど低く、逆に中高年ほど高く設定されていること。

20代の人は、どんなに在職中の給与が高くても1日6400円しかもらえませんが、45歳以上60歳未満の人ならば、最高で7900円程度はもらえます。

失業手当の算出方法

失業手当を1日にいくらもらえる？

①「賃金日額」を求める

賃金日額 ＝ 退職前6カ月の給料の総額（ボーナスをのぞく） ÷ 180

②「基本手当日額」を求める

①で求めた「賃金日額を〈表A〉にあてはめ、その「給付率」をかけると「基本手当日額」が出ます。ただし、※印のゾーンについては、以下の計算式で正確な「基本手当日額」を出してください。（1円未満の端数は切り捨て）

【※1のケース】
$Y=(-3W^2+70{,}910W)\div 71{,}200$

【※2のケース】
$Y=(-7W^2+127{,}750W)\div 119{,}000$
$Y=0.05W+4{,}240$
（上記のいずれかの低いほう）

W＝賃金日額・Y＝基本手当日額

表A

①離職時の年齢が30歳未満・65歳以上

賃金日額	給付率	基本手当日額
2,330円〜4,650円	80%	1,864円〜3,720円
※1 4,650円〜11,770円	80%〜50%	3,720円〜5,885円
11,770円〜12,910円	50%	5,885円〜6,455円
12,910円〜	−	6,455円（上限額）

②離職時の年齢が30歳以上45歳未満

賃金日額	給付率	基本手当日額
2,330円〜4,650円	80%	1,864円〜3,720円
※1 4,650円〜11,770円	80%〜50%	3,720円〜5,885円
11,770円〜14,340円	50%	5,885円〜7,170円
14,340円〜	−	7,170円（上限額）

③離職時の年齢が45歳以上60歳未満

賃金日額	給付率	基本手当日額
2,330円〜4,650円	80%	1,864円〜3,720円
※1 4,650円〜11,770円	80%〜50%	3,720円〜5,885円
11,770円〜15,780円	50%	5,885円〜7,890円
15,780円〜	−	7,890円（上限額）

④離職時の年齢が60歳以上65歳未満

賃金日額	給付率	基本手当日額
2,330円〜4,650円	80%	1,864円〜3,720円
※2 4,650円〜10,600円	80%〜45%	3,720円〜4,770円
10,600円〜15,060円	45%	4,770円〜6,777円
15,060円〜	−	6,777円（上限額）

（平成23年8月1日改訂）

1年勤務で180日もらえる人

では、それだけの手当をいつまでもらえるのでしょうか。

この、失業手当がもらえる日数のことを「所定給付日数」と呼んでいて、こちらは年齢に加えて、退職理由によっても差がつけられているのがもうひとつのポイントです（下表B参照）。すなわち、リストラや倒産など、会社都合で退職した中高年ほど優遇措置が受けられるようになっているのです。

自己都合で退職した人は、勤続20年の人でも150日しか支給されないのに対して、会社都合・45歳以上ならば、被保険者期間1年以上で180日、それが20年以上になると、330日にもわたって給付されるのです。

自分勝手に辞める若者には厳しい反面、リストラされた中高年には非常に手厚い給付が行われるようなしくみになっているわけです。

表B　基本手当の所定給付日数

<table>
<tr><th colspan="2">被保険者であった期間／区分</th><th>1年未満</th><th>1年以上5年未満</th><th>5年以上10年未満</th><th>10年以上20年未満</th><th>20年以上</th></tr>
<tr><td>自己都合</td><td>全年齢</td><td>–</td><td colspan="2">90日</td><td>120日</td><td>150日</td></tr>
<tr><td rowspan="5">会社都合</td><td>30歳未満</td><td rowspan="5">90日</td><td>90日</td><td>120日</td><td>180日</td><td>–</td></tr>
<tr><td>30歳以上35歳未満</td><td rowspan="2">90日</td><td rowspan="2">180日</td><td>210日</td><td>240日</td></tr>
<tr><td>35歳以上45歳未満</td><td>240日</td><td>270日</td></tr>
<tr><td>45歳以上60歳未満</td><td>180日</td><td>240日</td><td>270日</td><td>330日</td></tr>
<tr><td>60歳以上65歳未満</td><td>150日</td><td>180日</td><td>210日</td><td>240日</td></tr>
</table>

3 就職してももらえるオトク手当とは？

一度、失業手当の受給資格を獲得すると、「すぐに就職するとソン」という意識が働いて、かえって失業が長期化する恐れがあります。

そこで、「早く就職しても決してソンではないよ」とばかりに設けられているのが再就職手当です。

①お祝い金30万円もらえる再就職手当

所定給付日数の3分の1以上残して再就職した人については、残日数の50パーセントを支給。さらに、3分の2以上残して就職した人なら残日数の60パーセントにアップ！

所定給付日数１８０日の人が１２０日残して就職すると、72日分支給。ただし、支給上限額は日額５８８５円のため総額は最高約42万円。求職者サイドからみれば、「就職お祝い金」のような手当ですから、失業期間が長引いて苦労するよりも、これをもらうほうがオトクと言えるかもしれません。

②もらうと大損する就業手当

所定給付日数の3分の1以上かつ45日以上あるうちならば、短期のアルバイトや派遣で働いても、基本手当の3割が支給されるのが就業手当です。

そういうと、ものすごくオトクなように思えますが、この手当には、支給上限が日額１７００円程度と極端に低いという決定的なデメリットがあります。

それだけもらうと、本来満額もらえるはずだった手当が露と消えることから、申請しないほうが有利という考え方も成り立つのです。

就業手当をもらわなくても、就労の事実を安定所に報告さえしておけば、一時的に、働いた日数分の支給が先送りされるだけで、後から満額受給可能です。

③困難者向けの常用就職支度手当

失業しても短期間で就職できる人しか対象にならないのが再就職手当のデメリット。

その恩恵を受けられない層を対象にしているのが、常用就職支度手当です。

障がいのある人、40歳以上の中高年、40歳未満でも正規で働いた経験が短い人（この層のみ平成24年3月末まで対象）などを対象にした手当で、「安定した職業に就いたとき」という支給要件は、再就職手当と同じですが、就職時の支給残日数についての縛りは一切ありません。就職時に支給残が1日でもあれば、この手当の支給対象になるのです。

給付額は、支給残日数（上限90日、下限45日）の40パーセントかける基本手当日額。15日分しか残っていない人でも、18日分の手当がもらえるわけです。

再就職手当の支給要件とは？

① 受給手続き後、7日間の待期期間満了後に就職、又は事業を開始したこと。
② 就職日の前日までの失業の認定を受けた上で、基本手当の支給残日数が、所定給付日数の3分の1以上あること。
③ 離職した前の事業所に再び就職したものでないこと。また、離職した前の事業所と資本・資金・人事・取引面で密接な関わり合いがない事業所に就職したこと。
④ 受給資格に係る離職理由により給付制限（基本手当が支給されない期間）がある人は、求職申込みをしてから、待期期間満了後1か月の期間内は、ハローワークまたは職業紹介事業者の紹介によって就職したものであること。
⑤ 1年を超えて勤務することが確実であること。
（生命保険会社の外務員や損害保険会社の代理店研修生のように、1年以下の雇用期間を定め雇用契約の更新にあたって一定の目標達成が条件付けられている場合、又派遣就業で雇用期間が定められ、雇用契約の更新が見込まれない場合にはこの要件に該当しない）
⑥ 原則として、雇用保険の被保険者になっていること。
⑦ 過去3年以内の就職について、再就職手当又は常用就職支度手当の支給を受けたことがないこと（事業開始に係る再就職手当も含む）。
⑧ 受給資格決定（求職申込み）前から採用が内定した事業主に雇用されたものでないこと。
⑨ 再就職手当の支給決定の日までに離職していないこと。

4 遠方で就職するときの手当とは？

特別な事情があって、遠いところで就職しないといけないときには、ただでさえ心細い懐がますます心細くなりがちです。

そんなときに、雇用保険から出るありがたい給付をみていきましょう。

① 旅費・宿泊費が出る移転費

安定所から紹介された仕事に就く（または職業訓練を受講する）ために、住所を変えて、遠くに引っ越さなければならないとき、受給資格者及びその扶養家族が移転にかかった費用の一部を負担してくれるのが移転費です。

これには、交通費実費相当（鉄道賃、船賃、航空賃、車賃）のほか、移転した距離に応じて給付される移転料（9万3000円～28万2000円まで）、移転先での宿泊費としての着後手当（3万8000円）があります。

移転料及び着後手当については、家族を伴わない単身での移転の場合、半額だけ支給され、赴任先の会社が移転費を支給してくれるときには支給されません。

② 前払いも可能な広域求職活動給付

安定所が「広範囲の地域にわたって就職活動をする必要がある」と認め、実際に、安定所に紹介された遠方の事業所へ面接や見学に行くとき、その場所まで往復するのにかかる費用を負担してくれます。それが広域求職活動給付です。

移転費が移転した後から申請（1カ月以内）するの

に対して、広域求職活動給付は、安定所から広域活動の指示を受けて10日以内に申請すると、実際に面接や見学に行く前に給付を受けることも可能です。

400キロ未満の場合は支給されませんので、かなり広域に活動するときでないと対象にはなりませんが、交通費については、移転費と同じく、航空運賃も支給されますし、宿泊費も1日当たり8700円となっていますので、地元では就職が難しい人にとっては、ありがたい制度といえそうです。

こちらも、求人企業が旅費や宿泊費を支給してくれない場合に限って給付されるのは言うまでもありません。

③出稼なら一括支給の特例一時金

雇用保険には、一般の被保険者とは別に、季節労働者や臨時労働者を対象にした短期雇用特例被保険者という区分があります。

雇用機会が十分にない地方に住んでいて、都市部や製造業が多く立地する地域に働きに行く人向けのこの区分の加入者には、特別ルールが適用されています。

すなわち、通常は1年以上勤務しないと得られない受給資格が、6カ月以上の期間満了で得られることに加え、一般被保険者のように、原則4週間ごとに失業認定を受けなくても、一度だけ失業認定を受けると40日分が一括給付されるのです。これが「特例一時金」と呼ばれる給付です。

給付額は、基本手当の30日分ですが、現在は暫定措置として40日分となっています。

失業手当の日額が5000円程度でも、40日分となると、20万円がまとめて給付されるわけですから、なかなか魅力的な手当と言えそうです。

ただし、地元の市役所や安定所で、赴任前に出稼手帳を発行してもらっていないと、短期雇用特例被保険者にはなれません。

出稼手帳を発行してくれるのは、求人が十分にない地方に限られますので、常時たくさんの求人がある都会で生活している人は、残念ながらこの手当の恩恵には与れません。

5 受給総額が倍増する延長給付とは？

もし、失業手当をもらいきるまでに就職が決まらなかったら、それ以降は無収入になって、生活に困窮してしまいます。

現行の雇用保険制度では、そういうことがないように、一定の要件を満たしている人については、手当を延長して給付する措置が取られています。具体的には、以下のようなものです。

① 退職を余儀なくされたら個別延長給付

倒産や解雇など、いわゆる「会社都合」によって退職した人に加え、〝派遣切り〟などの雇止め（契約更新を拒否されて離職）によって退職した人で、安定所が「再就職が困難」と認めた人については、所定給付日数分の支給が終わった後も、原則60日間（所定給付日数270日以上の人は30日）、それまでもらっていたのと同額の手当を延長して支給してくれるのが個別延長給付です。

支給要件である、①退職日に45歳未満、②雇用機会が不足する地域の居住者、③安定所が再就職支援を計画的に行う必要があると認めた人――のうち、どれかひとつでも該当すれば支給されます。

ただし、個別にその人の状況をみて適用するかどうかを決めることになっていますので、それまで一定回数以上求人に応募実績があるなど、真面目に就職活動をしていた人でないと、この制度の恩恵は受けられません。

また、平成21年度からの期間限定の措置ですので、平成24年3月末までに退職した人でないと、適用されません（延長される可能性はありますが）。

制度としては、このほかにも、著しく失業率が高い地域の受給資格者に適用される「広域延長給付」と、その範囲を全国に広げた「全国延長給付」がありますが、どちらも、これまでほとんど適用されたことはありません。

②最長810日もらえる訓練延長給付

職業能力が十分でないため、短期間で就職するのが容易ではない人を対象にした、特定分野の技能や知識を習得させてくれる公共職業訓練という制度があります。

都道府県立の職業訓練校の離職者向けコース（標準6カ月）と、民間専門学校に委託された短期コース（標準3カ月）に大別されるのですが、この訓練を受けている期間に失業手当が切れてしまうと生活ができなくなってしまいます。

そこで、失業手当を受給中の人が、公共の職業訓練を受講したときには、訓練の全課程が修了するまで失業手当を延長して支給されるようになっています。それが訓練延長給付です。

ただし、だれでも適用されるわけではなく、職業安定所の窓口で「この人は訓練を受ける必要がある」と判定された人に出される「受講指示」がないと、この制度は適用されません。

この制度を活用すると、所定給付日数が90日しかない人でも、訓練を受けている3～6カ月程度は、失業手当を延長して支給してもらえるわけで、運よく1年以上の訓練コース（主に35歳未満の若年者対象）を受講できた場合には、理論上は、所定給付日数が90日しかない人でも、最長で810日にもわたって失業手当を受給することができるのです。

6 困ったときの所得保障になる手当とは？

雇用保険からの給付は、失業している人だけを対象にしているわけではありません。失業していない人でも受けられる給付もいくつか存在します。それをみていきましょう。

① 60歳になったら 高年齢雇用継続基本給付金

失業はしていないけれども、あるときを境に収入が激減してしまうのが、定年退職後に再雇用されて働くケースです。

毎月40万円の給与をもらっていたのに、60歳になったとたんに、それが15万円になってしまったら、生活設計が大きく狂ってしまうかもしれません。

そんなとき、雇用保険から大幅減収分を補填してくれるのが高年齢雇用継続基本給付金です。

対象になるのは、雇用保険に5年以上加入していて、60歳になる前半年間の給与を１００として、60歳以降の給与が75パーセント未満に下がった人です。

61パーセント以下に下がった人は15パーセント支給され、61パーセント超75パーセント未満に下がった人は、その低下率に応じて15パーセント未満を支給されるのが基本。60歳以降、月給が30万円から18万円と6割に下がった人ならば、18万円の15パーセントに当たる月2万７０００円が支給される計算。支給されるのは65歳に達する月までです。

上限は15パーセントと決まっていますので、50パーセントになった人も15パーセントしか給付されません。

また、会社からもらっている給与が限度額の34万４２０９円（毎年更新）を超えたときは1円も給付されなかったり、逆に、計算上の支給額が1600円を越えない場合も支給されない決まりになっていることも覚えておいてください。

② 転職減収なら高年齢再就職給付金

定年後、長年勤務していた会社に再雇用されることは望まず、退職してほかの会社への転職を決断する人も少なからずいます。

退職後は、失業手当をもらいながら次の転職先を探すことになるわけですが、そのとき困るのが、たとえ再就職できたとしても、給与の大幅ダウンが避けられないこと。定年後も同じ会社に再雇用された人は、高年齢雇用継続基本給付金で減収分の一部をカバーしてくれるのに、退職してしまった人には、それがないのは不公平ですよね。

そこで用意されているのが高年齢再就職給付金です。失業手当をもらっている60歳以上65歳未満の人が再就職して、60歳時点における給与の75パーセント未満になったときに支給されるもので、支給額や基本的なしくみは、高年齢雇用継続基本給付金と同じです。

ただし、基本手当を一定以上残して再就職していることが要件となっています。

具体的には、100日以上残して再就職した人は、1年間にわたって減収分の一部を給付。200日以上残して再就職した人ならば、2年間にわたって、この手当の給付を受けることができるのです。

③ 5割でも手取り多い育児休業給付金

2章で解説したように、健保に加入している女性が産休を取って無収入になったときには出産手当金が支給されるのですが、産休が明けたからといっても、すぐに元通りのペースで働くのは難しいのが現実です。

できれば、産休に続けてしばらくは、育児休暇を取得したいとだれもが考えるでしょう。そんな要望を強力に支援してくれるのが、雇用保険から給付される育児休業給付金です。

産後休業（8週間）の後、育児休業を取得した人は、それまでもらっていた給与の50パーセントを支給してくれるのです。支給期間は、原則として子供が1歳になるまで（最長約10カ月間）です。

平成22年3月までは、休業期間中に30パーセント支給し、職場復帰してから残りの20パーセントを支給する二段階方式でしたが、同年4月以降は、50パーセント全額を休業期間中に支給されるようになりました（原則は40パーセントで当分の間の処置）。

つまり、育児休暇中でも給与の半額は保証してくれるわけですが、その期間中はなんと特別に社会保険料を全額免除してくれるという特典までついてきます。もちろん、厚生年金も全額支払ったこととして扱われますので将来の不安もまったくなし。

気になる受給資格は、休業前の2年間に雇用保険に加入していた期間が12カ月以上あることと、勤務先の会社から育児休業中に休業前賃金の8割以上の給与をもらっていないこと（8割未満の場合は、8割に足りない額を支給）くらいで、特別難しい要件はありません。

なお、健保の出産手当金は女性しか対象にならないのに対して、こちらは、男性でも一定の要件さえ満たせば支給を受けることが可能です。また、父母ともに取得する場合は、子供が1歳2カ月になるまで取得可能なこともつけ加えておきます。

④ 4割を3カ月もらえる介護休業給付金

家族の介護でどうしても長期間仕事を休まなければならなくなったとき、会社から給与が出ない人は、休業期間中、完全に無収入になってしまいます。

そんなピンチを救ってくれるのが雇用保険から出る介護休業給付金です。休業開始時賃金の40パーセントを、最長で3カ月間支給されます。

会社からいくらかでも給与が出る人の場合は、その給与と介護休業給付金の合計が休業開始時賃金の8割を超えた分については減額されます。

要するに、それまでもらっていた給与の8割までならば、給付金と給与をダブルでもらえるわけです。

支給対象者は、休業開始前の2年間に雇用保険に加入していた期間が12カ月以上ある人。過去に失業手当の受給手続きをしたことのある人は、手当を実際に受給したかどうかにかかわらず、その前の期間は、この12カ月に算入できません。

また、配偶者、父母、子など一定範囲の家族を介護する休業に限られることや、勤務先に事前に介護休業を申し出ていること――などの要件も満たしていないと給付されません。

基本的なしくみは、育児休業給付金と似ていますが、介護休業の場合は、社会保険料は免除されませんので、その点だけは、頭に入れておいてください。

⑤最高10万円もらえる教育訓練給付

スキルアップのためにかかったスクール費用の2割(上限10万円)を雇用保険から支給してくれる制度です。たとえば資格を取得するために3カ月専門学校に通って30万円の学費がかかったとすると、全課程修了後に申請すると、その2割に相当する6万円が支給されます(資格試験は不合格でも申請可能)。

失業していない人が受給できる数少ない雇用保険給付のひとつで、資格を取ったり何かしらスキルアップをしたいと考えている人にとっては、渡りに船のような話でしょう。

ただし、自分で勝手に選んだコースは対象外。あらかじめ教育訓練給付に指定されたコース(通信教育課程もある)のみ申請できるようになっています。

支給要件は、雇用保険に加入していた期間が3年以上あることですが、過去に教育訓練給付を受給したことのない人については、当分の間は1年以上加入で受給できます。

なお、一度失業して基本手当を受給した人については、退職後1年以内に指定講座の受講をスタートした場合にのみ支給対象となります。なので、失業期間中にこの制度をぜひ活用したいと思っている人は、1年がすぎる前にどこかのコースに申し込んでおくのが賢明です。

7 加入資格と保険料はどうなっているの？

雇用保険は、医療保険や年金にも負けず劣らないほど充実した給付を実現していることがおわかりいただけたでしょうか。では、その加入資格と保険料負担はどうなっているのでしょうか。

ポイントを挙げて、解説しておきましょう。

週20時間以上勤務で強制加入

労働者を一人でも雇用している事業所は、雇用保険と労災保険がセットになった労働保険に加入しなければなりません。

正社員しか加入できないということは、一切ありません。アルバイトやパート、短期契約の労働者でも、契約期間が31日以上あり、なおかつ、一週間の所定労働時間が20時間以上あれば、加入義務が生じるようになっています。

かつては、「1年以上雇用見込み」がないと加入できなかったのが、平成21年4月からは「6カ月以上雇用見込み」に改められ、翌年4月には、さらに雇用見込み期間が「31日以上」に短縮されましたので、いまはほとんど抜け穴がなくなってしまいました。

一週間の所定労働時間については、「一般社員の4分の3以上」としている健保と厚生年金が、実質週30時間以上勤務しないと加入できないのに対して、雇用保険のほうは、それよりも10時間少ない週20時間で加入できるのが大きなポイント。

つまり、健保と厚生年金には加入しなくても、雇用保険だけ加入するパターンは意外に多いのです

1日4時間程度の短時間労働者でも、週5日働けば、この基準をクリアすることになります。加入しなくて

もいいのは、昼間コースの学生（夜間は適用対象）と、新たに雇い入れた65歳以上の人だけで、そのほかの労働者は、ほぼすべて加入資格があると思っておいて間違いないでしょう。

あえて雇用保険の欠点を挙げるとすると、会社に勤務している人しか対象にならないため、自営業者や主婦などの雇用されていない人は、加入できないことでしょう。

月1800円払えばOK

これだけ充実した給付体系をもっている雇用保険だけに、保険料もそれなりに高くなるのも覚悟しないといけません、と言いたいところですが、実はこれが、ものすごく安いんです。

平成23年4月1日現在、労働者が負担する保険料は、一般の事業であれば、たったの0・6パーセント。社会保険料独特の表現に直すと、1000分の6となり、月収30万円の人なら、月1800円が給与から天引きされているはずです。

雇用保険料全体では、1000分の15・5、すなわち1・55パーセントとなりますが、そのうち失業給付についての保険料である1・2パーセントを事業主と労働者で折半しているのです。

残りの0・35パーセントについては、「雇用保険二事業」（雇用安定事業、能力開発事業）と呼ばれる、労働者に対してではなく、主に事業主に対する助成金にあてられるため、全額事業主負担となっています。

健保や厚生年金に比べて圧倒的に加入資格のハードルが低く、なおかつ保険料も安い雇用保険は、社会保険のなかでも、最もコストパフォーマンスの高い保険と言えるでしょう。

8 失業手当を受け取るまでのハードルは？

数ある雇用保険給付のなかで、いちばん重要なのは失業期間中の生活を支えてくれる基本手当です。

再就職手当はもちろんのこと、延長給付や訓練関係の給付も、基本手当の受給資格があることが大前提となっていて、それがないとほかの手当も支給されないのですから。

基本手当の受給までのハードルを詳しくみていきましょう。

①雇用保険に加入していること

雇用保険に加入して、毎月の給与から保険料を払っている人でないと給付は受けられないわけですが、このハードルは、すでにみてきた通り、年金や健保よりもずっと低いのが特徴です。

非正規で働いている人は、週20時間勤務を1カ月を超えて継続した段階で、加入要件をすでに満たしていることが証明されますので、契約内容にかかわらず、加入できます。

もし、それでも加入手続きがなされなかったら、会社住所を管轄する安定所に出向いて「被保険者資格取得の確認申請」をしましょう。

すると、安定所サイドから勤務先の会社に「この人は、加入要件を満たしているので手続きするように」と指導がいき、会社は加入手続きせざるをえなくなるはずです。

加入手続きは、一部例外をのぞいて、入社時にさかのぼって行われますので、未加入の空白期間ができる心配はあまりありません。

②自己都合なら12カ月以上加入必要

雇用保険に加入して保険料を払っていた期間が一定以上ないと、退職後に基本手当を受給できません。

自己都合で退職した人は、退職前2年間に、12カ月以上加入していることが必要です。

退職した会社には6カ月しか勤務していなくても、その前に別の会社でもう6カ月以上勤務していて、その両方の期間が、今回の「退職前2年間」に納まればセーフです。ただし、退職後に失業手当を受給していた場合は、それより前の期間は通算できません。

会社都合退職の場合は、退職前1年間に6カ月以上加入と、自己都合退職のちょうど半分の期間で受給資格を満たせるようになっています。

なお、日給や時給で働いている人（休むと給料が減る人）は、11日以上出勤した月のみ1カ月として計算できることも覚えておいてください。

③受給手続きをしていること

退職後、何もせずにじっと待っていても失業手当は受給できません。

勤務先の会社が発行してくれる離職票と本人確認書類等を持って、住所地を管轄する安定所で手続きをしてはじめて受給資格が確定するのです。

このときに、「私はこういう条件の仕事を探しています」ということを明らかにしたうえで、安定所に求職者として登録する「求職の申し込み」を行わないといけません。

これにより、現在失業中で、なおかつ「仕事を探している」ことが形式上明確になるわけです。

なお手続きに必ず必要となる離職票は、退職後すぐには発行されません。それが自宅に郵送されてくるまでに1～2週間はかかると思っておくといいでしょう。

④ 7日間の待期を満了していること

最初に手続きに行ってから7日間は「待期」と呼ばれる期間で、どんな人もこの7日間だけは失業手当の支給対象にはなりません。本当に失業しているのかどうかを見極めるテスト期間としての意味合いです。

この期間中に就職活動をしても就職が決まらなかった段階で、ようやく基本手当の支給対象となります。

手続きとしては、安定所で初回の手続きをした後、受給説明会と呼ばれるガイダンスの出席を経て、待期が満了してから2～3週間後に設定される失業認定日に出席することになっています。

⑤ 給付制限期間を満了していること

自己都合で退職した人は、待期が満了しても、その後に「給付制限」と呼ばれる期間をすごさないといけません。

これは文字通り給付を制限する期間のことで、自分の都合で退職する人は、この給付制限をすぎても、まだ就職が決まらなかった場合にのみ基本手当を支給するという主旨になっているわけです。

課せられる給付制限は、通常3カ月です。したがって、自己都合退職の人は、最初に受給手続きをしてから約4カ月後にならないと最初の手当を受け取ることができないのです。

⑥ 失業の状態にあること

失業手当を受給するための最後の難関は、「失業認定日」と呼ばれる手続きです。

原則4週間ごとに設定される安定所への出頭日で、この日に、認定される期間中に就職活動をちゃんとしたのか、就労してほかに収入を得なかったかなどについて安定所に詳しく報告するようになっています。

失業手当が支給されるのは、「失業の状態にあった」と認められた日だけ。就職活動をしなかったイコール「失業の状態にはない」とみなされてしまいます。

当日記入する失業認定報告書には、いつ、どこで、何をしたのかまで活動内容を具体的に記入する欄があり、求人の応募に関しては、企業名まで記入するようになっていますので、ごまかしはききません。

一定以上の回数（原則として認定期間ごとに2回）の就職活動を行ったと認められなければ「失業の状態にはなかった」として、手当は支給されないのです。

とは言え、求人への応募のほか、公的機関が主催するセミナーの受講や安定所及び関連機関での職業相談なども就職活動に含まれますので、普通に活動していれば、問題なく失業認定がされるでしょう。

就労の有無については、認定期間中に働いて収入を得た日があるときには、その働いた日を認定報告書のカレンダーにマルをつけるようになっていて、その日の分の基本手当は不支給となります。

ただし、その分は、支給が先送りされるだけです。受給期間内（退職から1年間）であれば、所定給付日数分の手当をすべてもらいきることができます。

この認定日の手続きを終えると、数日後に、ようやく自分が指定した口座に手当が振り込まれます。それ以降は、4週間ごとの認定日に出席すればＯＫです。

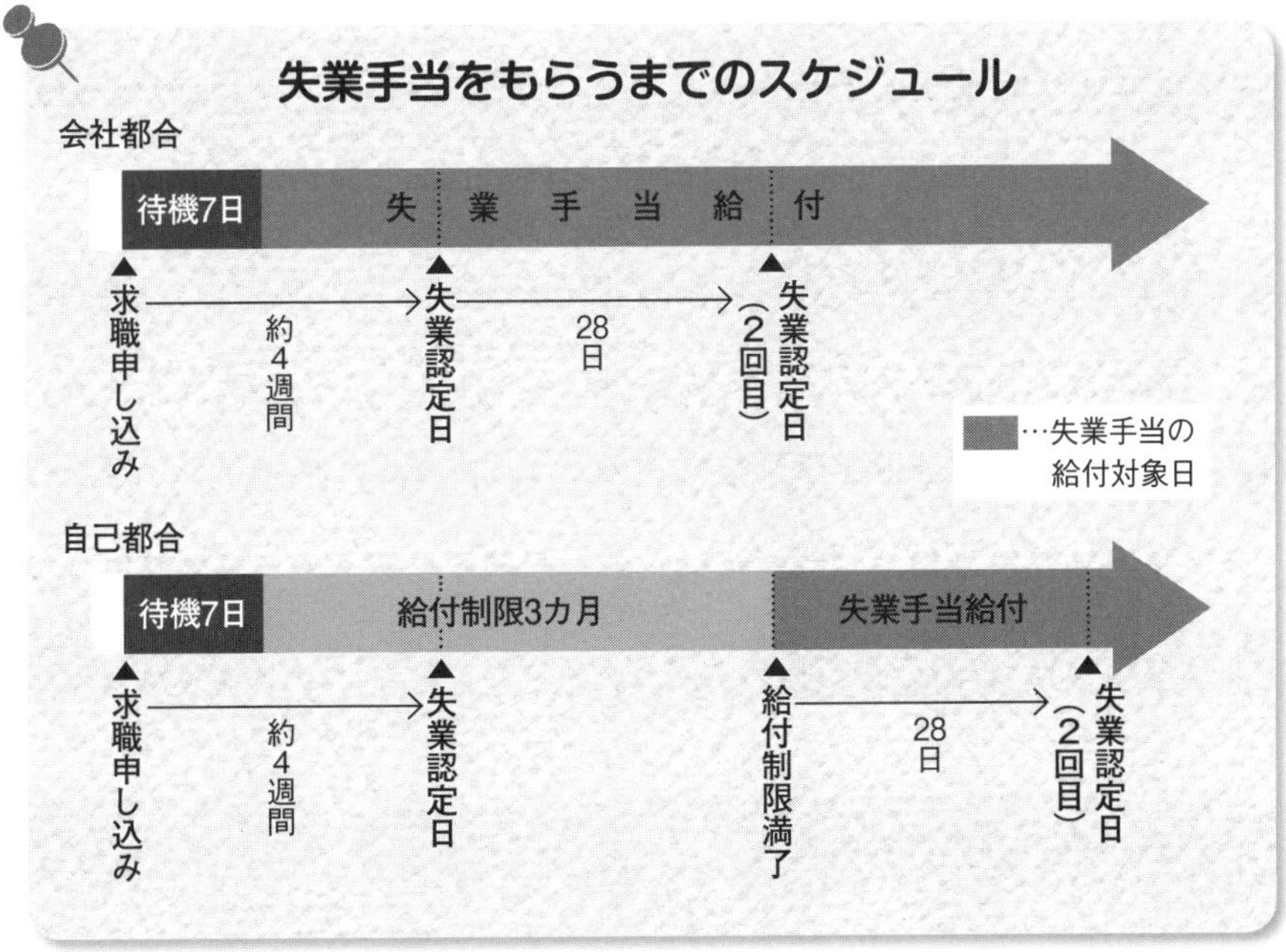

9 退職理由によって給付に大差が出る？

個別の事情＝退職理由によって給付面で大きな差が出るのが、雇用保険の最大の特徴です。

では、自己都合と会社都合では、何がどう異なるのでしょうか。あらためて整理しておきましょう。

①6カ月勤務で受給できる

いちばんの違いは、受給資格を獲得するのに必要な期間です。

自己都合で退職した人は、雇用保険に加入していた期間が退職前2年間に12カ月以上ないと失業手当の受給資格を得られません。それに対して、会社都合で退職した人ならば、その半分の期間、すなわち退職前1年間に6カ月以上加入で受給資格が発生するのです。

半年勤務すれば受給できるのと、1年勤務しないと受給できないのとでは、心理的にも大きな差です。

②給付制限を課せられない

失業を予測困難な事故とみなして、不運にもその事故に遇った人に対してのみ給付するというのが現行の雇用保険制度の基本的な考え方です。

したがって、自分の勝手な都合で退職するような人については、給付しないか、するとしても一定のペナルティーを与えたうえでないと制度本来の趣旨から外れてしまいます。

そういうことから、自己都合退職者には3カ月間の給付制限が課せられているわけです。

一方、何の準備もする暇もなく、突然、倒産やリストラなどの事態に遭遇した人については、明日からの

自己都合と会社都合の処遇比較

	受給資格を獲得するのに必要な加入期間は？	給付制限を課せられるか？	所定給付日数の優遇はあるか？
自己都合	退職前2年間に12カ月以上	課せられる	なし
会社都合	退職前1年間に6カ月以上	課せられない	ある
正当な理由のある退職	退職前1年間に6カ月以上	課せられない	なし※

※平成24年3月31日までは、期間の定めのある労働契約の期間が満了し、かつ、当該労働契約の更新がないことにより離職した人については、会社都合と同じく所定給付日数の優遇あり。

生活に困ることが予測されるため、すぐに手当の支給が開始されることになっています。

③所定給付日数の上積みがある

極め付けが、退職理由の違いによって、もらえる手当の日数まで大きく異なる点です。

特に中高年になると、その差は歴然とします。

退職時45歳の人は、自己都合では10年加入しても120日しか受給できません。

それが会社都合になったとたん、たった1年加入で180日と倍増。5年以上、10年以上と長くなるにつれて30日ずつプラスされ、20年以上は330日も支給されるのです。

その差が90日としても、基本手当日額6000円なら、受給総額で54万円も会社都合のほうが多くもらえるのですから、安易に自分から辞表を提出して辞めるよりも、会社からキッパリと解雇を告げられたほうがずっと有利であることがわかります。

10 「会社都合」と「正当理由あり」の違いは？

雇用保険を上手に活用するためのコツは、第一に、会社都合で退職することです。

現行の雇用保険制度では、会社都合で退職する人を「特定受給資格者」と定義していて、それと認められる基準については、ある程度明確に示されています。

月45時間以上の時間外労働が3カ月以上続いた、基本給を15パーセント超下げられた、上司や同僚から社内イジメを受けた、上司からセクハラされて会社に相談したのに何の対策も講じてくれなかった——などのケースなら、書類上は自己都合であっても、会社都合に変わる可能性はおおいにあるのです。

もちろん、異義申し立てを行っただけでは、判定が覆る可能性は低いのが現実。そこで、その事実を証明するための客観的な証拠を確保しておくのが鉄則です。

長時間労働なら、タイムレコーダーのコピーや詳細な業務日誌を準備しておく、上司のイジメなら、その事実を同僚に証言してもらう、セクハラなら行政機関に相談した実績をつくっておく、自主的な退職を迫られたのなら、そのときの会話を克明に記録しておく——など事前の準備が成否のカギを握っているのです。

期間満了でも給付日数倍増？

退職理由には、自己都合と会社都合の中間にグレーゾーンとして位置する「正当な理由のある退職」というのも存在しています。これに該当すれば、所定給付日数の優遇はないけれども、給付制限は課せられなくなるのです。

わかりやすいのが非正規労働者の期間満了（勤続3

年未満に限る）による退職でしょう。退職にあたっては「正当な理由」があるわけですから、給付制限のペナルティーは課せられません。

平成21年3月の法改正によって、この「正当な理由のある退職者」は、新たに「**特定理由離職者**」なる区分として位置づけられ、これに該当すると判定されたら、給付制限がつかないばかりか、6カ月勤務で受給資格が得られることが明文化されました。

特定理由離職者には、平成24年3月末までは、所定給付日数まで優遇されて会社都合とまったく同じ扱いになる雇い止された非正規労働者の第一グループと、それ以外の理由で6カ月勤務で受給資格獲得&給付制限がなしになる第二グループに分かれます。

雇い止めされた非正規労働者は、最初から契約更新の約束があった場合は、ストレートに会社都合となるのですが、それがない場合でも、特定理由離職者として、6カ月勤務で受給資格獲得&給付制限なしの扱いがされるようになっているのです（ただし、平成24年3月末までは所定給付日数優遇もあり）。

「会社都合」（特定受給資格者）と判断される主な退職理由

① 解雇（自己の責めに帰すべき重大な理由による解雇を除く）により離職した者
② 労働契約の締結に際し明示された労働条件が事実と著しく相違したことにより離職した者
③ 賃金（退職手当を除く）の額の3分の1を超える額が支払期日までに支払われなかった月が引き続き2カ月以上となったこと等により離職した者
④ 賃金が、当該労働者に支払われていた賃金に比べて85%未満に低下した（又は低下することとなった）ため離職した者（当該労働者が低下の事実について予見し得なかった場合に限る）
⑤ 離職の直前3カ月間に連続して労働基準法に基づき定める基準に規定する時間（各月45時間）を超える時間外労働が行われたため、又は事業主が危険若しくは健康被害の生ずるおそれがある旨を行政機関から指摘されたにもかかわらず、事業所において当該危険若しくは健康被害を防止するために必要な措置を講じなかったため離職した者
⑥ 事業主が労働者の職種転換等に際して、当該労働者の職業生活の継続のために必要な配慮を行なっていないため離職した者
⑦ 期間の定めのある労働契約の更新により3年以上引き続き雇用されるに至った場合において当該労働契約が更新されないこととなったことにより離職した者
⑧ 期間の定めのある労働契約の締結に際し当該労働契約が更新されることが明示された場合において当該労働契約が更新されないこととなったことにより離職した者（上記⑦に該当する者を除く）
⑨ 上司、同僚等から故意の排斥又は著しい冷遇若しくは嫌がらせを受けたことによって離職した者
⑩ 事業主から直接若しくは間接に退職するよう勧奨を受けたことにより離職した者（従来から恒常的に設けられている「早期退職優遇制度」等に応募して離職した場合は、これに該当しない）
⑪ 事業所において使用者の責めに帰すべき事由により行なわれた休業が引き続き3カ月以上となったことにより離職した者
⑫ 事業所の業務が法令に違反したため離職した者

11 失業手当を1日でも長くもらうには？

雇用保険を上手に活用する第二のコツは、職業訓練を活用して、受給できる期間を1日でも長くすることでしょう。

受講計画を先に立てておく

雇用保険の受給資格のある人が公共の職業訓練を受講した場合、訓練期間中に手当をすべてもらいきって受給資格切れとなったとしても、そのコース修了までは、失業手当の延長給付を受けられるのですから、いざというときには、この制度を活用しない手はありません。

そのためには、自分が志望する分野の訓練コースについてあらかじめよく調べておくことが重要です。受講スタートの時期だけでなく、いつ募集が開始されて、その締め切りがいつなのかまで把握しておかないと、計画通りにはなかなかいきません。

何事も本当に困ってから、その対応策を考えるのではすでに手遅れというケースが圧倒的に多いもの。

最悪の事態も想定して、そのときにどういう対策を取るべきかまで考えておくのが危機管理の鉄則なのです。

なお、所定給付日数180日以上の人については、その3分の2の支給を受け終わるまでに訓練を開始しないと延長給付はされませんので注意が必要です。

150日までの人は120日分の支給を受け終わるまで、120日と90日の人のみすべて受給し終わるまでに訓練を開始すればOKです。

長くもらうとかえってソン？

一方で、より長く失業手当をもらうことに重きをおきすぎるのも禁物です。

求職者の最終的な目的は、再就職することです。それを達成するための手段として訓練延長給付などを活用するのが得策なのですが、いつのまにか手当を延長してもらうことのほうが目的になってしまいがち。

そもそも、保険給付をより多く受けられるというのは、ある意味それだけ「不幸なこと」が長く続いたことを意味します。

いくら長期に手当を受けられたとしても、転職先がなかなか決まらない精神的負担を考えれば、到底ワリに合うものではありません。

雇用保険のなかでいちばんオトクなのは、就職が決まってハッピーな状態にあるうえに、保険金が支給される再就職手当ですから、まずはその特典を得ることを優先して動くのが先決。

そして、もし、それが難しいような状況になってから、あらかじめ準備しておいた職業訓練を活用するというスタンスでいくのが賢明でしょう。

12 受給資格なくてももらえる給付金とは？

雇用保険は、どんな会社に勤務している人でも保険料は同じです。給付も〝二階〟と〝三階〟で大きな格差が生じたりすることもありません。

唯一差が出るのが、加入できる人とできない人がいるということ。社保なし勤務の人でも、給与所得者でさえあれば、雇用保険と労災保険には加入できますので、国民年金と厚生年金のように不公平感を味わうこともないのですが、請負契約で働いていたり、独立自営業を営んでいる人については、残念ながら、この制度の恩恵を受けられません。これが雇用保険制度の大きな欠点のひとつなのです。

月10万円もらえる生活給付金

そこで、平成21年より、雇用保険の受給資格のない人を対象にした失業期間中の生活を保障する制度がスタートしました。

「基金訓練」と呼ばれるのがそれで、雇用保険の受給資格のない人が職業訓練を受講すると、訓練修了まで毎月10万円を支給してくれるようになっています。

期間は、3～4カ月が標準。理論的には、一般の公共職業訓練と合わせて最長2年間受けられることになってはいるものの、よほど熱心に情報収集しておかないと、そこまで長期の訓練を受けることは難しいのが現実です。

自己都合扱いで退職したため、所定給付日数が短い人も、受給資格切れとなったときには、この制度を利用できますので、最後の砦として、そのような制度があることもどこか頭のスミに入れておいてください。

第5章 労災保険編

病気や事故に遇っても、
安心して休める
国営損害保険

序 労災なんて本当に使えるの？

5章のストーリー

朝、いつもより15分寝坊したため、大慌てで自宅を出て駅の階段を駆け降りたF美さん（25歳）。不運なことに、ホームに着地する瞬間に、グキッと足をくじいてしまいました。

何とか足をひきずりながらも会社にはたどりついたものの、時間がたつにつれ、足首の痛みは激しくなる一方です。仕方なく、予定していた得意先への訪問をキャンセルして、タクシーで会社近くのクリニックへ診察してもらいに行ったところ、足首の骨折で全治3カ月と診断されたのです。

おかげで、一週間も会社を休むはめになり、その分給与は減らされるわ、治療費はかさむわで、さんざんなめに遇ってしまいました。「これも自分の不注意から起きたことだから仕方ない」と諦めていたところ、あとで会社の先輩からこんなことを言われたのです。「労災申請しなかったの？労災使ったら休業補償だってされるし、治療費もタダになったのに」。

調べてみたら、その通り。就業時間中のケガでなくても労災は申請できたのです。

間違いだらけの労災知識

社会保険のなかでも、最もベーシックな部分の保障を担っているにもかかわらず、その有用性が充分に認識されていないのが労働者災害保障保険です。

「過労死で労災認定求めて遺族が提訴」といった極端なケースばかりがマスコミで大きく報道されるためなのか、「労災は深刻な業務災害が発生したときのもの」という先入観が根強く、F美さんのように通勤でケガをしたくらいでは、適用にはならないと思い込んでいる人も多いはず。

「勤務先の会社が労災申請なんてしてくれるわけない」も、単なる思い込みにすぎません。事業主に直接責任のない通勤災害であれば、会社には何ら不利益は生じないのですから。

建設業や製造業など、常に身の危険を伴う現場仕事の人だけに関係するもので、オフィスワークをしている者には無縁のもの、との考えもいまや時代遅れになりつつあります。

うつ病など精神疾患で長期の休業を余儀なくされた場合でも、労災保険は適用されるばかりか、こちらのほうが健保の傷病手当金をもらうよりも、給付額や給付期間において圧倒的に有利なケースが多いのです。

これこそ、知らないと大損する知識の典型と言えるでしょう。基本的なことだけでも頭のスミに入れておけば、いざというときに、大きな威力を発揮するのが労災保険のスゴイところなのです。

1 労災って、何のためにあるの？

労災保険は、以下のように定義づけられています。

> 労働者災害補償保険法に基づく制度で、業務上災害または通勤災害により、労働者が負傷した場合、疾病にかかった場合、障がいが残った場合、死亡した場合等について、被災労働者又はその遺族に対し所定の給付を行う

要するに、仕事中の災害によって、労働者が身体的に被った損害を補償してくれるのが労災保険です。

労働災害については、本来使用者サイドが責任を負うべきもので、労働基準法によっても、その責任が明確に規定されています。

しかし、労災事故が起きるたびに、使用者と労働者が延々と裁判で争っていたのでは、なかなか補償が実行されない困ったことになってしまいます。

そこで、国が設立した労災保険に、すべての労働者を強制的に加入させて事業主に保険料を負担させる。それによって、労働災害が起きたときには、保険制度から迅速に補償がなされるしくみがつくられました。

会社としても、あらかじめ保険に加入しておけば、労災事故が起きたときでも、自社の責任を追求されずに保険から給付が行われるため、労働者に多額の補償をせずに済むメリットがあるわけです。

労災保険給付の対象となるのは、労働者の業務上における負傷、病気、障がいまたは死亡です。

それらの災害が起きたときに、本人またはその遺族に給付が行われるわけです。

2 労災と認定される3つのケースとは？

労災保険を理解するうえで重要なポイントは3つあります。以下に挙げておきましょう。

① 業務上の災害であること

第一に、業務上の負傷については、原則として、事業主の支配・管理下にあり、なおかつ業務に従事している場合のみ「業務災害」になります。

アフター5に同僚と飲み歩いていてケガをしたようなケースは、当然のことながら、「業務災害」とは認められないのです。

昼休みや休憩時間については、社内にいれば、事業主の支配・管理下にあるといえるものの、実際に業務に従事していない私的な行為によってケガをしたら労災の対象外。

ただし、事務所が火事になったとか、事業所の施設・設備や管理状況などがもとで発生した災害であれば、業務災害となります。

では、仕事時間中にトイレに行くときに起きた事故などはどうなるでしょうか。

その場合、事業主の支配・管理下にあることは明白であり、なおかつ、生理現象は、業務に付随した行為とみなされますので、労災保険の対象です。

出張や外回りの営業中に被った災害は、事業主の管理下にはありませんが、仕事をしていることに変わりはありませんので、業務災害と認められて労災保険給付が行われます。

② 通勤による災害であること

本章冒頭で紹介したF美さんのように、勤務先へ通勤している途中に起きた災害は、業務災害ではありませんが、仕事に行くために必要な移動時間ですから、プライベートで遊びに出掛けたのとは訳が違います。

そこで通勤途中に事故に遇ったときなどは、「**通勤災害**」として、業務災害と同じく、負傷、病気、障がいまたは死亡が労災保険給付の対象となることになっています。

注意したいのは、通勤ルートです。自宅と就業場所（外回りの人は勤務先だけでなく訪問先も含む）と往復するときに「合理的な経路及び方法」をとっていることが通勤災害の要件となっています。

したがって、寄り道したり、プライベートな用事を済ませるために著しく回り道したようなときに事故に遇っても、それは通勤災害とは認められなくなってしまうのです。

では、会社から電車代相当の交通費をもらっているにもかかわらず、禁止されているマイカー通勤中に起きた事故はどうなるでしょうか。

意外にも、その場合は、まったく問題なく通勤災害と認められます。

たとえ会社に禁止された行為を行っていたとしても、「合理的な経路及び方法」でさえあれば、通勤災害になるからです。

③ 業務上の疾病であること

仕事中や通勤途中のケガであれば、よほどイレギュラーなことがない限り労災保険給付の対象となるのに対して、比較的、その認定が難しいのは病気のケースです。

業務とその病気の間に、相当の因果関係が認められないと、労災保険給付の対象にはなりません。

いわゆる「職業病」として認知されているものを除いて、ふつうの病気では、なかなかスンナリと「業務上の病気」とは認められないのが現実です。

たとえば、社員が仕事中に突然、脳溢血で倒れたとしても、仕事が原因とは限りません。

むしろプライベートな生活習慣が主な原因となっているかもしれません。

業務災害とは？

労働者の業務上の負傷、疾病、障がい又は死亡を意味する。業務災害と認められるには、業務遂行性と業務起因性の二つの要素から判定される。

ケガの場合
- **業務遂行性** 事業主の支配・管理下にある
- **業務起因性** 業務に従事していて遭遇した

※事業主の支配・管理下にあるが、業務に従事していない場合は、業務災害とは認められない。出張などのように、事業主の支配下にあっても、管理下を離れて業務に従事している場合は、業務災害と認められる

病気の場合
- **業務遂行性** 有害因子を受ける危険にさらされている
- **業務起因性** 業務と発症原因・疾病との間に因果関係がある

そこで、長時間の時間外労働が続いて疲労がピークに達していたとか、極度のストレスを感じるような職場環境にあったことなどが重視されます。

あらかじめ定められた基準にてらしあわせてみて、明らかに健康を損なうような有害な因子が存在し、なおかつ仕事によってその病気が引き起こされたと認められないと、労災保険給付の対象とはなりません。

過労死などで、なかなか労災が認定されないのは、そのような背景があるわけです。

3 うつ病で休職しても労災認定される?

身体的な危険が極端に少ないオフィスで仕事をしている人にとっては、労災が適用されるような業務上の災害や事故といっても、いまひとつピンとこないのではないでしょうか。

しかし、現実には、いたるところに、その危険性は潜んでいるのです。

最近急激に増えているのが、うつ病など精神的な疾患によって長期の休職を余儀なくされるケースです。あなたの身近にもひとりやふたりは、そういう人がいるはず。

3つの基本ルール

うつ病など精神的な疾患については、個人的な事情によるものとみなされて、かつては、ほとんど労災認定はされませんでした。

ところが、1999年に「心理的負荷による精神障害等に係わる業務上外の判断指針」が厚生労働省によって示されてからは、状況が大きく変わりました。

客観的な認定基準が示されたことで、うつ病など精神的疾患でも、労災認定される可能性が飛躍的に高まったのです。

その認定基準となるのは①精神障がいを起こしている、②発病前半年間に業務による心理的負担があった、③業務以外の個人的な事情によって発病したものではない――の3つです。

これらすべての要件を満たせば、労災認定されるようになっています。

精神的疾患が労災認定されるには？

① 対象疾病に該当する精神障がいを発病していること

② 対象疾病の発病前おおむね６カ月の間に、客観的に当該精神障がいを発病させるおそれのある業務による強い心理的負荷が認められること

③ 業務以外の心理的負荷及び個体側要因により当該精神障がいを発病したとは認められないこと

労災認定マニュアル

具体的な審査においては、「達成困難なノルマが課せられた」「退職を強要された」「ひどい嫌がらせ、いじめ、又は暴力を受けた」といった業務と直接関連のある項目についてのストレス強度を三段階で評価し、それが精神的疾患発病の原因となったかどうかを判定します。

一方で、業務以外のプライベートな出来事についても、「離婚又は夫婦が別居した」「親子の不和、子供の問題行動、非行があった」など、あらかじめ用意されたチェックリストをもとに同様の評価を行い、それらを総合して、労災認定されるかどうかが判断されるのです。

身体的なリスクは少なくても、ともすると精神がズタズタになりかねない苛酷なオフィス環境のなかで働いている人にとっては、労災保険が意外と身近なものになりつつあると言えるでしょう。

4 仕事中 地震に襲われたらどうなる？

労災は、「業務に起因する」ことが大前提。個人的な恨みによって第三者から暴行を受けるなど、業務とは直接関係のない事件・事故は、認定されないのが基本なのですが、実際にはケースバイケースです。

犯罪被害でも、1995年に起きた地下鉄サリン事件で、通勤途中に被害を被った労働者の多くは、労災認定がなされました。

地下鉄での通勤には、こうした無差別殺人に遭っても逃げ遅れる危険性をはらんでいるとして、一定の要件に合致すれば、通勤災害と認められたのです。

また、身体的な被害だけでなく、後遺症として残った心的ストレス障害（PTSD）についても一部労災保険給付の対象となったようです。

犯罪被害ではありませんが、2005年4月に発生したJR福知山線脱線事故では、多数の人が通勤災害として認定されています。

特筆しておかなければならないのが、地震や台風など天災による被災は、基本的には、業務災害とは認められないことです。

2011年3月に発生した東日本大震災では、発生が昼間の時間帯だったため、数多くの人が職場で仕事中に被災しました。にもかかわらず、天災は業務災害から完全に除外されるとしたら、あまりにも理不尽。

そこで厚労省では、地震によって、事業所や作業所が倒壊したり焼失したケースや、大津波で流されてしまったケースは「危険な環境下で仕事をしていた」として、業務との因果関係を認める方針を出しています。

ちなみに、1995年に起きた阪神大震災のときは、早朝に発生したため、労災申請者数は472人と少なかったのですが、そのうち470人が認定されました。

5 仕事休んだら、どんな給付受けられる？

では、労災と認定された場合、具体的にどのような給付が受けられるのでしょうか。

① 治療費無料になる療養補償給付

「療養補償給付」とは、業務上または通勤によって負傷をしたり病気になったときの医療費を負担してくれる給付です（通勤災害の場合は「療養給付」と呼びます）。

健保の〝療養の給付〟は、治療費の3割が自己負担なのに対して、労災保険の療養補償給付は、治療費の全額を負担してくれますので自己負担はゼロ。労災を使ったほうが断然オトクなのです。

原則として、労災病院など労災保険が指定した医療機関を受診することで、いわゆる「現物給付」を提供されるようになっています。

地元に指定病院がなかったり、緊急で指定病院ではない医療機関にかかったときには、いったんかかった医療費の全額を負担しておき、あとからその負担した額を現金で支給してもらう「療養の費用の給付」を受けることになります。健保で保険証が手元にないときに、全額自己負担して、あとから現金支給される〝療養費〟と同じしくみです。

② 8割補償の休業補償給付

業務または通勤によって、負傷したり病気で労務不能になったために休業したものの、その休業期間中に勤務先の会社から給与が出ないと、たちまち困窮してしまいます。そんなときの生活を支えてくれるのが休業補償給付（通勤災害の場合は「休業給付」）です。

給付されるのは、給付基礎日額（災害発生前3カ月の平均給与の日額）の6割。というと少ないようにも思えますが、それとは別に特別支給金として、給付基礎日額の2割がプラスして給付されますので、トータルで休業前の8割の収入が確保できるわけです。

健保の傷病手当金が休業前賃金の3分の2（約6・6割）と比較すると、明らかに労災保険の休業給付のほうが有利。

また、傷病手当金の場合は、該当する傷病によって「3日連続仕事を休んだこと」が支給要件となっているのに対して、労災の休業給付のほうは、断続していても合計3日休んでいれば支給要件を満たします。

休んだ3日間についても、事業主が休業補償をする義務を負っていますので、実質的には、無収入になる期間がまったく生じないのも、労災保険ならではの強みでしょう。

とりあえず、この休業給付（または休業補償給付）をもらっている期間は、事業主は労働者を解雇できませんので、安心して治療に専念できるはずです。

労災保険のおもな給付①

治療費はどうなるの？

療養補償給付
治るまで無料療養

3日以上休んだとき

仕事を休んだら？

休業補償給付
休業第4日目から1日につき給付基礎日額の80%を支給

給付基礎日額＝平均賃金（算定事由発生日以前3カ月間の賃金総額 / 3カ月間の総日数）

治療を1年6カ月続けても完治しないとき

療養が長期化したら？

傷病補償年金
1級～3級は給付基礎日額の313～245日分給付

6 長期療養中に受けられる傷病補償給付とは?

健保の傷病手当金は、ケガや病気によって働けないときに所得補償をしてくれる非常にありがたい給付金なのですが、最長1年半しか支給されないのが弱点でした。

その点、労災の休業補償給付には、支給期限がありません。働けない状態が続く限りは、支給されます。ただし、場合によっては給付体系が少し変わります。

その後の状況によっては、年金や一時金として支給を受けることができるのです。以下にその種の給付を整理しておきましょう。

③長期療養でも安心な傷病補償年金

療養を開始して1年半しても完治せず、国が定めた傷病等級1級から3級に該当することとなったときには、休業補償給付に代わって傷病補償年金（通勤災害は傷病年金）が支給されます。

休業補償給付が、症状の重篤さにかかわらず特別支給金も含めて計8割が休業全期間中給付されるのに対して、傷病補償年金のほうは、その症状の程度によって支給日数が変わってくるのが大きな特徴です。

第一級（神経系統の機能又は精神に著しい障害を有し、常に介護を要するなど）になると、年間に給付基礎日額の313日分。いちばん軽い3級でも年間245日分が支給されるのですから、これはおおいに助かります

また、それとは別に、「傷病特別支給金」と呼ばれる一時金が、これまた等級別に100万円～114万円も支給されます。もちろん、医療費については、これらの年金給付を受けたとしても、これまで通り全

額労災保険で負担してくれます。

④社会復帰も支援の障害補償給付

業務によるケガや病気が一応は治癒したものの、一定の障がいが残った場合に支給されるのが障害補償給付です（通勤災害の場合は「障害給付」）。

この給付は、驚くほど手厚くなっていて、何種類もの給付金に分かれています。

まずは、年金として障害補償年金（通勤災害の場合は、障害年金）が支給。

支給額は、国が定めた労災独自の障がい等級の1級～7級のどれに該当するかによって決まり、いちばん重い第一級で313日分、逆にいちばん軽い7等級で131日分。それだけを年6回に分けて支給されるのです（偶数月ごとに2カ月分）。

7等級よりも軽い人は、年金としての支給はない代わりに、障害補償一時金として、503日分（第8等級）～56日分（第14等級）を支給してくれますので、問題ありません。

また、障害補償給付を受給できるすべての人は、それらとは別に、身体障がいの障がい等級別に、「障害特別支給金」と呼ばれる一時金が、342万円（1級）～8万円（14級）上乗せして支給してくれるのですから、まさに至れり尽くせり（ただし、すでに傷病特別支給金を受給している場合は、その分を超えた額しか支給されない）。

さらに、ケガや病気が治癒して社会復帰するときには、一時的に資金が必要となることが多いため、一度に限り、前払いしてもらうこともできます。（第一級で給付基礎日額の1340日分が上限）。これが「障害（補償）年金前払一時金」という制度です。

ほかにも、これらの給付をほとんど受けないうちに本人が亡くなってしまったときには、国が定めた日数に足りない分を遺族に一時金として支給してくれる「障害補償年金差額一時金」まであります。

労災がいかに手厚い給付を行っているかがよくわかるでしょう。

労災保険のおもな給付②

傷病が治ゆしたときに身体に一定の障がいが残ったとき

後遺症が残ったら？

【障害（補償）年金】
給付基礎日額×1級（313日分）～7級（131日分）が年金として支給
特別支給金として、認定時に1級（342万円）～7級（159万円）が支給

【障害（補償）一時金】
給付基礎日額×8級（503日分）～14級（56日分）が支給
特別支給金として、8級（65万円）～14級（8万円）が支給

介護を受けたら？

介護（補償）給付
下限56,720円～104,530円を支給

⑤家族介護でももらえる介護補償給付

傷病（補償）年金または障害（補償）年金の受給権を持った被災労働者が障がいの状態が重くなって、介護を受けているときに、その費用の一部を負担してくれるのが介護補償給付です。

支給されるのは、常時介護を要するケースで、月10万4530円を限度に、実際に介護に支出した額。家族が介護していて、その費用を支出していない場合には、月に一律5万6720円です。

対象となる障がいの要介護認定の基準が細かく決まっているほか、すでに介護を受けていて、かつ民間の介護施設に入所していないことなどの細かい支給要件がありますので、その点は注意が必要です。

7 残された家族に支給される遺族補償とは？

労災保険には、年金の遺族給付と同じように、実質的に、生命保険としての役割を果たす給付まであります。

いったい、どんなものなのか。残された家族の生活を強力に支えてくれる給付をみていきましょう。

⑥年金として支給の遺族補償年金

一家の大黒柱にもしものことがあった場合、その人に扶養されていた家族に給付されるのが遺族補償給付（通勤災害の場合は、遺族給付）です。

この給付はいくつかに別れていて、まず、年金として給付されるのが遺族補償年金。

業務（通勤）災害によって死亡した労働者によって扶養されていた家族の人数によって、給付基礎日額の153日分（遺族が1人）〜245日分（遺族が4人以上）を年6回に分けて支給してくれます。

⑦親兄弟でも支給の遺族補償一時金

遺族補償年金を受け取ることができるのは、死亡した労働者の収入で生計を維持されていた「配偶者、子、父母、孫、祖父母、および兄弟姉妹」のうち、いちばん優先順位の高い人です。ただし、妻以外の遺族については、「夫、父母、祖父母は55歳以上」、「子、孫は18歳に達する日以後の最初の3月31日までの間にあること」などの要件を満たしていないと支給されません。

しかし、これらの要件を満たす遺族がひとりもいなかった場合でも、受給資格のない遺族に対して、遺族補償一時金が給付基礎日数の1000日分も支給されるのですから、かなり太っ腹な制度と言えそうです。

　このほか、労働者の死亡直後に一時的な出費を必要とするときには、障害補償給付と同じく、年金を前払いしてくれる遺族補償年金前払一時金（給付基礎日数の1000日分が限度）まで用意されています。

⑧友人にも支給の葬祭料・葬祭給付

　業務（通勤）災害によって労働者が死亡したとき、労災保険では、葬儀にかかる費用まで負担してくれます。

　支給額は、31万5000円プラス給付基礎日数の30日分です。

　通常、葬儀は遺族が行いますので、葬祭料は亡くなった労働者の遺族に対して給付されるのが一般的ですが、遺族が葬儀を行わない場合には、葬儀を執り行った事業主や友人に対して支給されることになります。

労災保険のおもな給付③

亡くなったら？

遺族補償給付

年金……給付基礎日額の153～245日分を支給
一時金…年金受給者がいないとき、給付基礎日額の1,000日分を支給

● **遺族特別支給金300万円を支給**

葬祭料

315,000円に給付基礎日額の30日分を加えた額または、給付基礎日額の60日分を支給（どちらか高いほう）

労災保険給付チャート

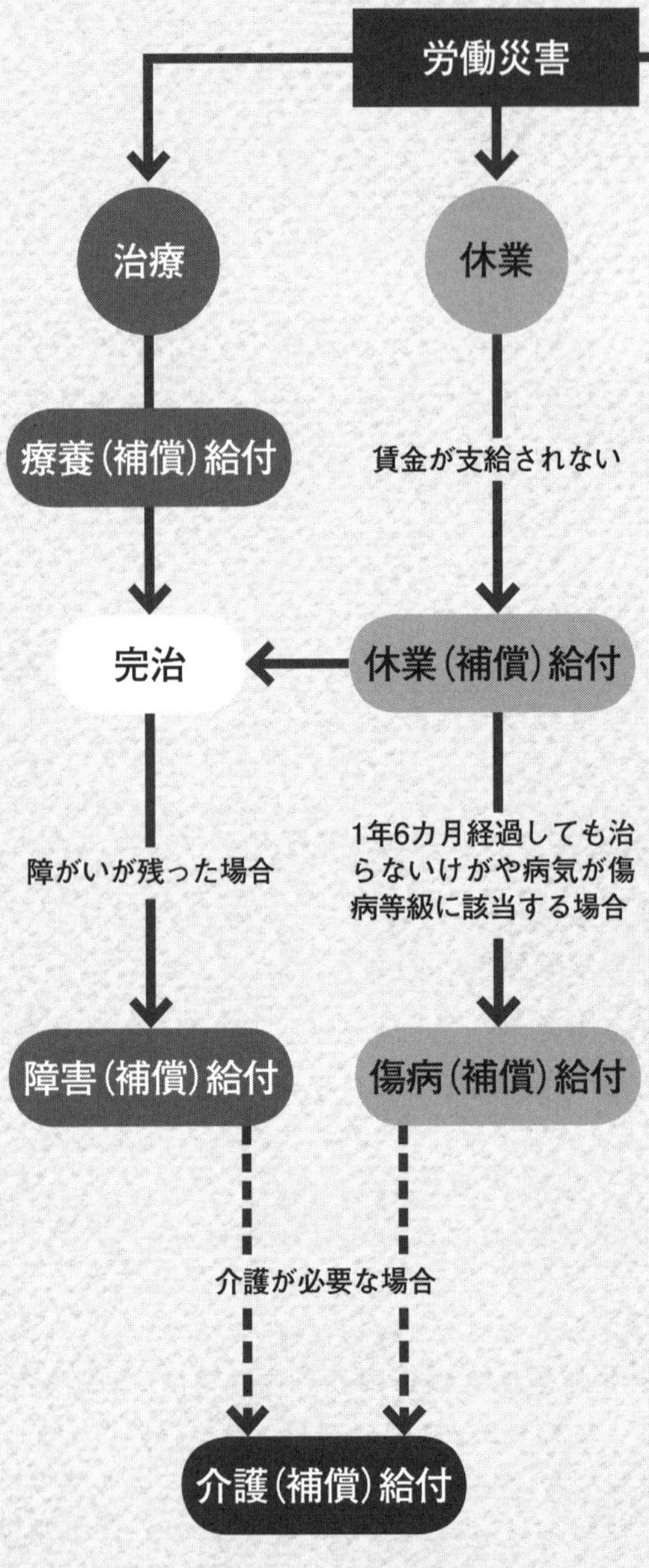
労働災害
治療
休業
死亡
療養（補償）給付
賃金が支給されない
遺族（補償）給付
年金または一時金で支給
完治
休業（補償）給付
障がいが残った場合
1年6カ月経過しても治らないけがや病気が傷病等級に該当する場合
障害（補償）給付
傷病（補償）給付
介護が必要な場合
介護（補償）給付

8 勤務先が倒産したときの給付もある?

労災保険本体の給付ではありませんが、労災保険を財源とした非常に重要なセーフティーネットがひとつあります。

独立行政法人・労働者健康福祉機構が行っている「未払賃金の立替払」と呼ばれる制度がそれで、企業が倒産したために賃金が支払われなかった退職労働者に対して、その未払い賃金の一部を事業主に代わって支払ってくれるのです。

立て替えてくれるのは、未払い賃金総額の8割。45歳以上で上限296万円と、数カ月分の賃金なら十分にカバーできるそうな額です。

残念ながらボーナスと解雇予告手当はともに対象外なのですが、定期賃金に加えて「退職手当」も対象になるのがポイント。

退職金支給について明確な規定がある場合でないと立替払いの対象にはならないものの、社内規定に基づいて支払われるはずだった多額の退職金が倒産で一瞬にしてパーになってしまった人にとっては、ほんの一部でも取り戻せる願ってもないチャンスです。

申請後、平均30日で給付

支給要件を簡単にまとめておきましょう。

まず「立替払を受けることができる人」については、「労災保険の適用事業で1年以上にわたって事業活動を行ってきた企業に、労働者として雇用されていた」くらいで、あとは、特別難しい要件はありません。

倒産の事実認定に関しても、破産等の法的手続きをしたケースばかりでなく、中小企業の場合は、不渡りを起こして経営者が行方不明になった「事実上の倒産」

でも適用になったり（労働基準監督所長の認定は必要）、倒産前に退職した人でも立替払いを受けられるなど、かなり融通がきく内容になっているのです。

気になるのは、実際に給付を受けられるまでの期間ですが、かつては、申請後半年以上かかると言われていたのが、最近は、書類をそろえて請求してから平均30日程度とかなりスピードアップしています。

ひとつ注意したいのは、退職の時期です。

この制度において「立替払いを受けることができる人」は、破産手続きの申し立て日（「事実上の倒産」の場合は労基署へ事実認定を申請した日）の6カ月前を起点として、そこから2年間の間に退職した人です。かなり適用になる期間は長いですから、倒産して賃金未払いとなった人で、この対象にならない人は、そう多くないとは思いますが、一応、頭に入れておいてください。

すぐ退職すると大損する？

「立替払の対象となる賃金」の範囲は、「退職日の6カ月前から立替払請求の日の前日までの間に支払い期日が到来している定期賃金及び退職手当」です。

リミットが「立替払請求の日の前日」となっている点に注目してください。

ということは、倒産したけれど、給料ももらえないのに、そのまま何カ月か辞めないでいたら、どうなるでしょうか？

無収入期間を短くする法

退職してしまうと、その時点で、新たな未払い賃金は発生しなくなります。

ところが、たとえ給料が1円も出ないとしても、退職せず残務整理などで何カ月も勤務していれば、延々と未払い賃金が積み重なっていきます。

つまり、倒産してすぐに退職した人よりも、倒産後何カ月か勤務後に退職して申請した人のほうが、結果的に立て替えてくれる額は多くなるわけです。

したがって、倒産しても、慌ててすぐに退職しないほうが賢明。この制度の適用になることを労基署等で慎重に確認したうえで、倒産後に、もう数カ月辞めないで残務整理を続けてもいいかもしれません。

その間、給料が出ませんので、ある程度の蓄えのある人でないと取れない方法ですが、そこさえ何とか乗り切れれば、再就職先を決めるまでの時間稼ぎには、少なからぬ役にたつ方法と言えるでしょう。

退職後には、ごくフツーに失業手当ももらえますから、それを受給できる期間も合わせて、1日でも就職活動に専念できる期間を長く確保しておくことに、こしたことはないのですから。

なお、法的手続きをしていない倒産の場合は、退職してから6カ月以内に、「事実上の倒産の認定申請」（立替払の請求ではなく）を事業所を管轄する労基署に行わなければならないこととなっていることも覚えておいてください。

立替払の対象となる「未払賃金」とは？

退職日の6カ月前の日から、立替払請求の日の日の前日までの間に支払期日が到来している「定期賃金」及び「退職手当」であって、未払となっているもの。
以下は、定期賃金締切日毎月20日、支払期日毎月26日の場合

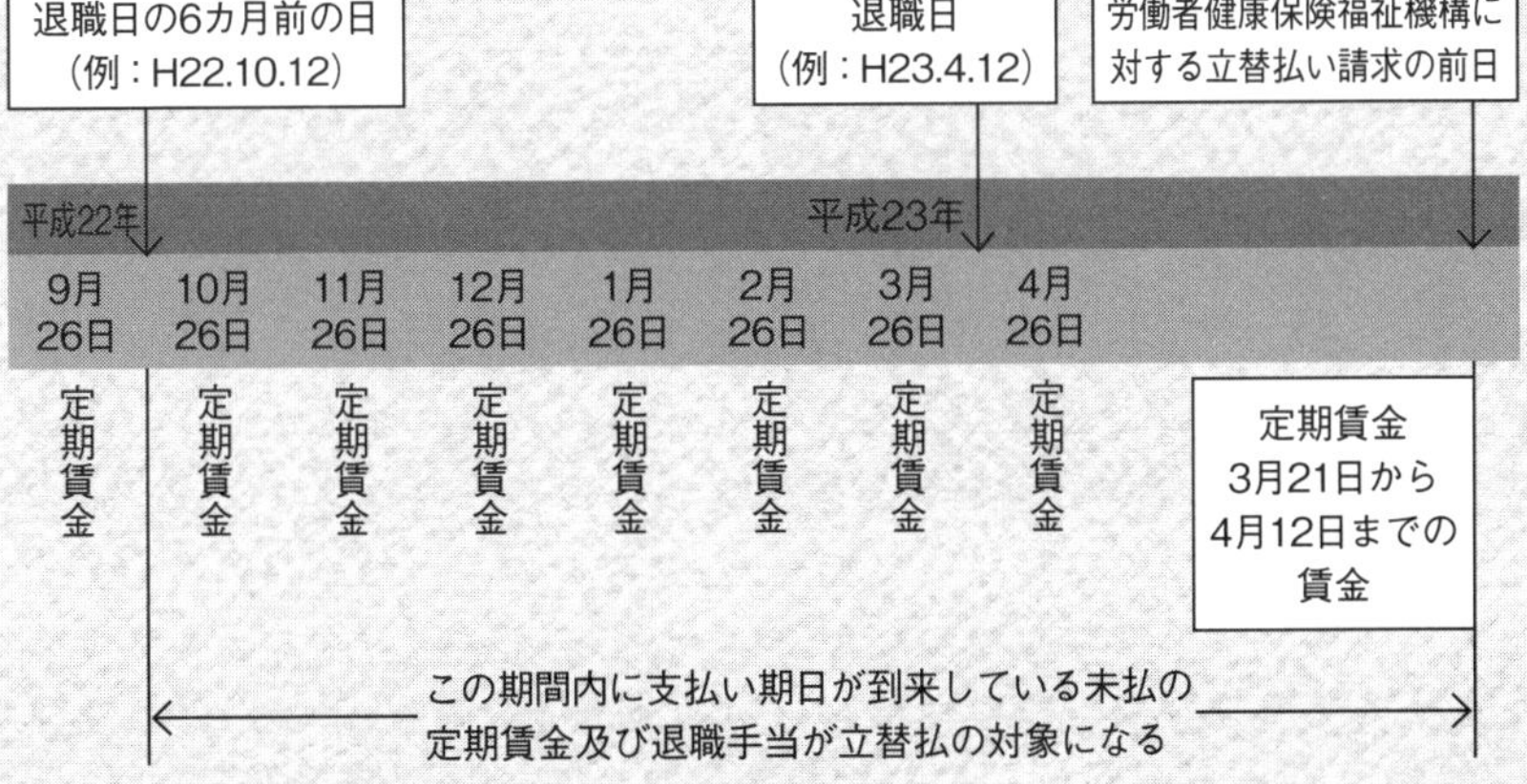

9 労災は、保険料払わなくてもいい？

社会保険のなかでも、格段に手厚い給付水準を実現している労災保険の加入要件と保険料はどうなっているのでしょうか。

加入要件からいきますと、労働者をひとりでも雇用している事業所は、すべて労災保険の適用事業所となり、その加入手続きをしなければなりません（個人経営の農業・水産業など、一部例外を除く）。

労働者ひとりひとりについての届け出は必要なく、加入は、事業所単位で行います。つまり、保険に加入するのは事業所で、労働者個人ではありません。

労働者は、適用事業所に就職した日から、自動的に労災保険の被保険者となるのです。

パートやアルバイト、契約社員、日雇労働者など雇用形態はもちろん、勤務時間数や収入額も関係なく手続きは行われます。

加入しないと厳しい罰則適用

強制加入ですから、もし、事業所が加入手続きを怠っていたとしても、労災事故が発生すれば、労災保険給付の対象となり、事業所は、入社時にさかのぼって保険料を納めることになるだけです。

ちなみに、加入手続きを怠っていた期間中に労災事故が発生した場合には、保険給付額の100パーセントまたは40パーセントを徴収するという厳しい罰則が設けられています。

労災保険は、社会保険のなかでも、最も強制力の強い保険と言えるでしょう。

任意加入なのは、個人経営の農林水産業（一定の要件はある）だけですが、これらについても、労働者の

労災保険未手続事業主に対する罰則は？

行政機関からの指導等を受けたにもかかわらず、事業主が手続きを行わない期間中に労災事故が発生した	労災事故に遭った労働者に支払われた保険給付額の100%を徴収
行政機関からの指導等を受けていないが、事業主が事業開始の日から1年を経過してなお加入手続を行わない期間中に労災事故が発生した	労災事故に遭った労働者に支払われた保険給付額の40%を徴収

過半数が加入を希望すれば加入できます。

ひとり親方も加入OK

さらには、同じ労働保険の雇用保険とも大きく異なっているのは、建築業のひとり親方のように雇用契約ではない請負契約で働く人や自営業者、家族従業員などについても、特別加入が認められている点です（ただし、建設業を除いて、事業主本人は加入できない）。

その場合、保険料は全額自己負担となりますが、所属するひとり親方等の団体を通して加入手続きが可能になるのです。

一般の加入者についての保険料は、全額事業主負担ですから、労働者は1円も負担しなくてOK。

事業主が負担する保険料は、業種によって、1000分の5・5～1000分の118までに分かれていて、危険度の高い業種ほど保険料は高くなっています（毎年4月1日改定）。

10 勤務先が労災申請してくれないのでは？

労災保険には、手厚い給付があるらしいけれど、実際には勤務先の会社が嫌がって申請してくれないのでは？ そう思っている人も多いはず。

労災を申請するイコール、労災事故を起こした事業所として、労基署に立ち入り調査されるのではないかとか、労災を申請すると、保険料がハネあがるのではないかなどと考えて、労災申請を嫌がる会社も確かに少なくありません。

申請してもデメリットなし

しかし、実際には、労災保険の申請をしたからといって、必ずしもそのようなデメリットが生じるわけではありません。

よほど、事業所の施設が危険な環境のまま放置されているのならともかく、ごくフツーのオフィスでは、労基署がいちいち立ち入り調査するケースはあまりないでしょう。

「労災申請すると、保険料がハネ上がる」については、労災事故の発生状況に応じて保険料が多少安くなったり高くなったりする「メリット制」というしくみは、確かに存在します。

しかし、深刻な事故が続発しているならともかく、普通のオフィス職種で、ちょっとしたケガや病気の申請を一件したくらいでは、保険料が大きく変わることは、あまり考えられません（従業員の少ない中小企業では、メリット制は対象外なことが多い）。

そもそもF美さんのような通勤災害については、最初からこのメリット制の対象外ですから、労災の申請をしたからといって保険料が変わるわけではないのです。

本人の直接申請もできる

労災保険給付は、基本的には、事業主の証明が必要なため、勤務先の会社経由で申請することになっていますけれども、もし会社が申請を渋るようでしたら、労働者本人が直接申請することもできます。

その場合は、事前に労基署で相談してみてください。具体的な対処法を助言してくれるはずです。

労災を認定するかどうかは、労基署が判定します。会社が勝手に「労災にはならない」と決めつけて申請しないときには、自分で申請することもできると覚えておいてください。

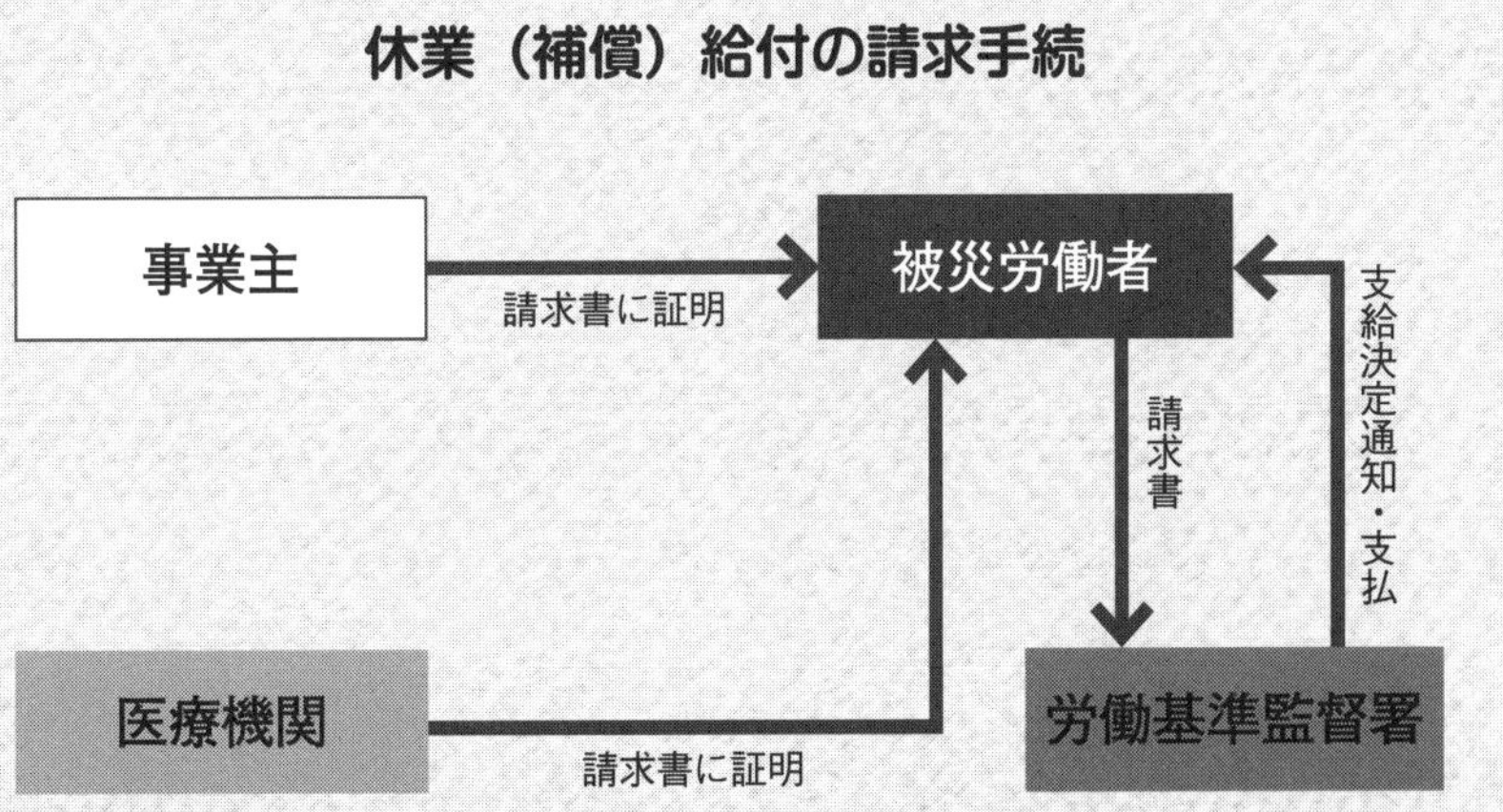

休業（補償）給付を請求するときは、休業補償給付支給請求書（通勤災害の場合は「休業給付支給請求書」を所轄の労働基準監督署長に提出する。事業主の証明が必要なため、勤務先の会社が申請を代行するのが一般的だが、その申請を会社が行ってくれない場合には、労働者本人が申請することもできる。

11

労災認定を勝ち取るにはどうする？

労災保険がほかの社会保険と比べて著しく活用される機会が少ないのことの理由のひとつとして、「わざわざめんどうな手続きを踏んでも、果たして労災が認定されるかどうかわからない」という不確実性が常に付いて回るからでしょう。

認定可能性高いなら労災優先

そのため、健保で治療したほうが手っ取り早いと考える人が多いのが現実です。

しかし、業務災害や通勤災害については、健康保険は使えないのが原則です。

そもそも健康保険は「業務外の傷病」しか給付の対象にならないと規定されているからです（国保であれば、そのような規定はないため、業務上の傷病でも保険が適用される）。

業務上のケガや病気なのに健康保険を使って治療すると、あとで労災を申請しようとしても、時間が経過しているために認定が難しくなるかもしれません。

また、一度健康保険を使って治療した後に労災に切り替えるときには、健保で負担してもらった医療費の7割をいったん自費で全額返還したうえで、労災認定後に、それまでにかかった医療費の全額を労災保険から支給してもらう手続きを踏まなければならないケースも出てきます（労災指定病院なら、申請だけで立て替えなくて済む場合もある）。

したがって、業務上のケガや、仕事が原因の可能性が高い病気であれば、最初から労災保険を使って治療するのが賢明でしょう。

業務起因性で判断する

具体的な方法としては、会社に申請してもらう前でも、労災指定医療機関に行き「労災で治療します」と言えばいいだけ。労災は個人単位の保険証はありませんので、特に証明書を提出する必要はありません。

難しいのは、うつ病などで長期の休業を余儀なくされたケースでしょう。

勤務先の会社は、簡単には自社の労務管理に不備があったことを認める申請には協力してくれない可能性もあります。

健保の傷病手当金は、労務不能であることを主治医が証明さえしてくれれば、比較的簡単な手続きで給付を受けられますが、労災保険の休業補償給付になると、業務起因性がないとは認めてくれないため、さんざん審査に時間がかかったあげく、却下されることだって十分にありえます。

専門家の助けを借りる

そういうときは、ひとりで悩まないで労災保険に詳しい社会保険労務士や弁護士に相談して、場合によっては申請のサポートをしてもらうのが賢明でしょう。

多少の費用がかかったとしても、スンナリと認定されることで、治療が長期化したときに労災から受けられる手厚い給付を考えれば、サポートを受ける費用をかけても十分にモトが取れるはずですから。

社会保険のなかでも、最も幅広い層の人をカバーし、保険料負担なしに、平等かつ公平に給付を行うのが労災保険。

こんな保険こそ積極的に活用しないと、まさに「宝の持ち腐れ」と言えるかもしれません。

労災の不服申し立て

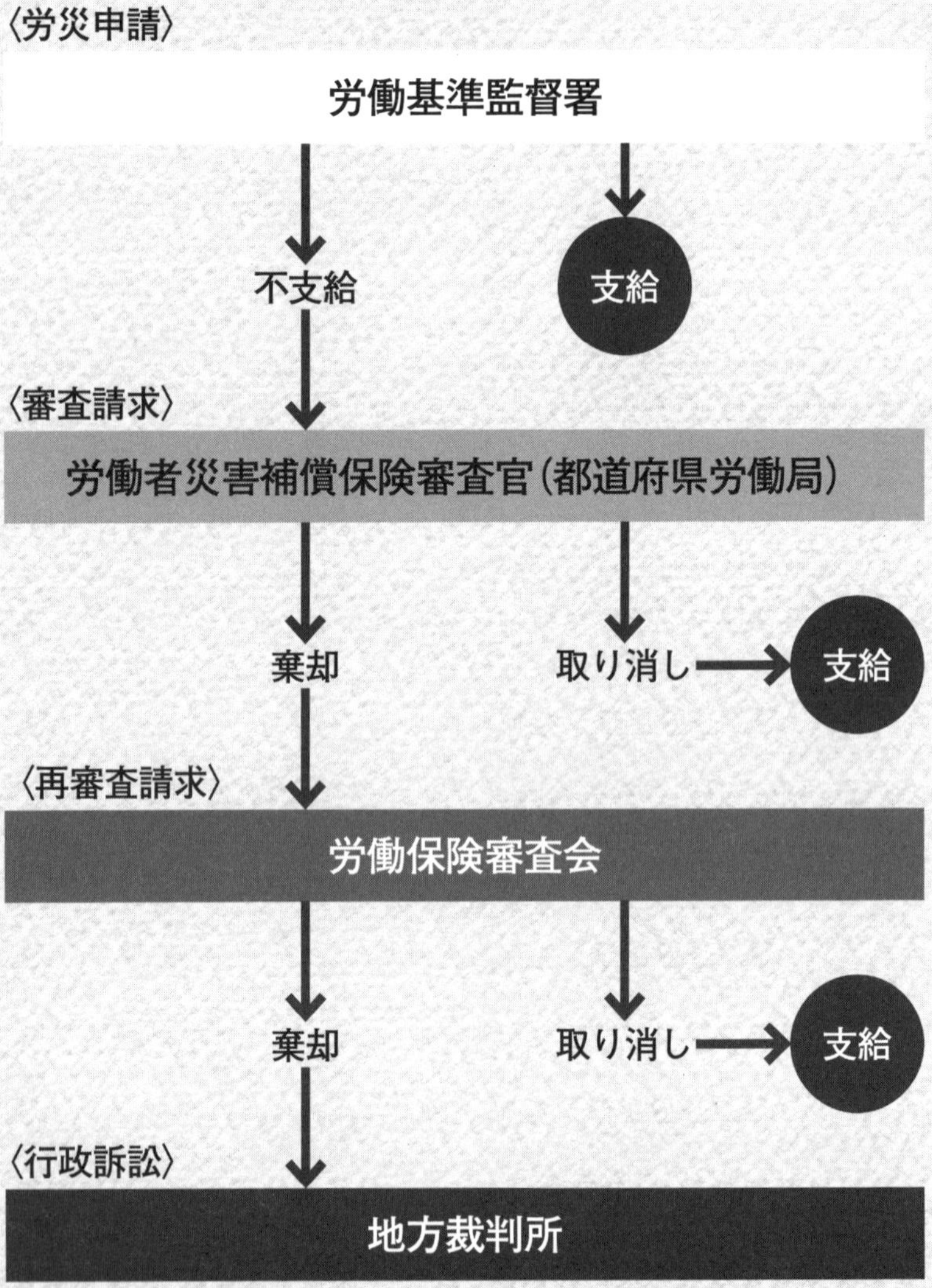

労災を申請して不支給となった場合、労働者災害補償保険審査官に対して審査請求をすることができる。その決定にも不服のあるときには、労働保険審査会に対して再審査請求を行い、さらに、再審査請求も棄却されたときには、行政訴訟を起こすこともできる。

第6章 介護&高齢者医療保険編

自分よりも親のために知っておきたい長寿リスク保険

序 ある日突然、親が倒れたらどうする？

6章のストーリー

損害保険会社に勤務するIさん（48歳）は、ある日、妹から故郷の実家で一人暮らししている72歳の母親が突然倒れたとの連絡を受けました。

翌朝、空路帰省。入院先の病院に到着すると、母親は、幸いにして、一命はとりとめたものの、担当医の説明によれば、高齢のため元の健康状態まで回復するのは、かなり困難であることが判明。

これからは妹と交替で母親のめんどうをみないといけないなと思ったとき、目の前にたいへんな苦難が待ち受けていることに、あらためて気が付いたのです。

入院が長引いたらどうするか、もしこのまま寝たきりになったら兄妹で介護できるのか、人に頼むとその費用はいったいいくらかかるのか……。

いままでは、なにも考えてこなかったことが不思議になるほど、難題が待ち受けていることを痛感。

高校生と中学生の子供を抱えて、フルタイムで働く妻の手は借りられそうもない。管理職ポストにいるため、介護休業などとてもとれそうもない。先のことを考えると、ますます途方に暮れてしまうのでした。

35歳以上は必須知識

マスコミで頻繁に取り上げられ、世間的にも、その難しさが共通認識になっているにもかかわらず、いざ現実に自分の身に降りかからないとピンとこないのが高齢になった親の医療と介護の問題です。

高齢者医療や介護保険の制度については、多くの人は「まだ若い自分には関係もない」ととらえてしまい、基本的なことすら知ろうとしません。

その結果、Iさんのように、当事者になったときに対処法がなにひとつ思い浮かばずに、八方塞がりの状況に陥ってしまうのです。

労働者から保険料を徴収する社会保険方式によって成り立っているこれらの保険は、親の医療・介護を担う子供が正しい知識を持って上手に活用すると大きな効果が得られるものです。

75歳以上を対象とした後期高齢者医療制度も含めて、親を介護する子供にとって、最低限知っておかないといけない社会保険の知識は少なくありません。

本章では、その点についてじっくりと解説していきます。もし、自分がIさんと同じ状況に立たされたら、どうするのかを考えながら読んでいってください。

介護保険をはじめとした高齢者に対してサービスを提供する社会保険制度なしには、われわれは家族の危機を乗り越えていくことができないのです。

※本章記載の介護サービス利用時の自己負担額は、神奈川県・横浜市における介護保険サービスの内容を元に算出。居住地、利用時間帯、事業所等によっては、表示額よりも加算されるケースもある。

1 “後期高齢者”って、必要な制度だったの?

Iさんの母親のケースをみてもわかるように、ほとんどの人は、いきなり介護が始まるわけではなく、家族の入院生活をサポートすることが先決になってきます。

そのときに必要なのが2008年4月からスタートした「後期高齢者医療制度」(正式には「長寿医療制度」)についての知識です。

75歳以上の人を対象とした医療保険制度で、ほかの世代とは異なった運用がなされています。

高齢者医療を支えるしくみ

導入当初、マスコミでもさんざん取り上げられたので、ほとんどの人は、おぼろげながらでも、その内容は聞いたことのあるはず。

この制度ができるまで、75歳以上でリタイアした人たちは、原則として国保に加入しながらも、その医療費は、老人保健という別の制度によって賄われていました。

医療機関を受診する人の割合が高く、若い世代に比べて医療費が高額になりがちな高齢者医療の部分を、それぞれの保険財政からは切り離して、現役世代みんなで応分の負担するのが老人保険制度です。

これにより、高齢者は、若い世代よりも軽い負担(医療費の自己負担1割。現役並み所得者のみ3割負担)で手厚い給付を受けられていたのです。

老人保健は、高齢者本人の負担はなし。つまり、通常の国保保険料は納めていても、高齢者医療にかかわる部分については、徴収されていなかったのです。

後期高齢者医療制度とは？

75歳以上の人と65歳以上で障害認定を受けた人を被保険者とする医療保険制度のこと。
税金で5割、現役世代の保険料4割、高齢者の保険料1割によって、運営されている。

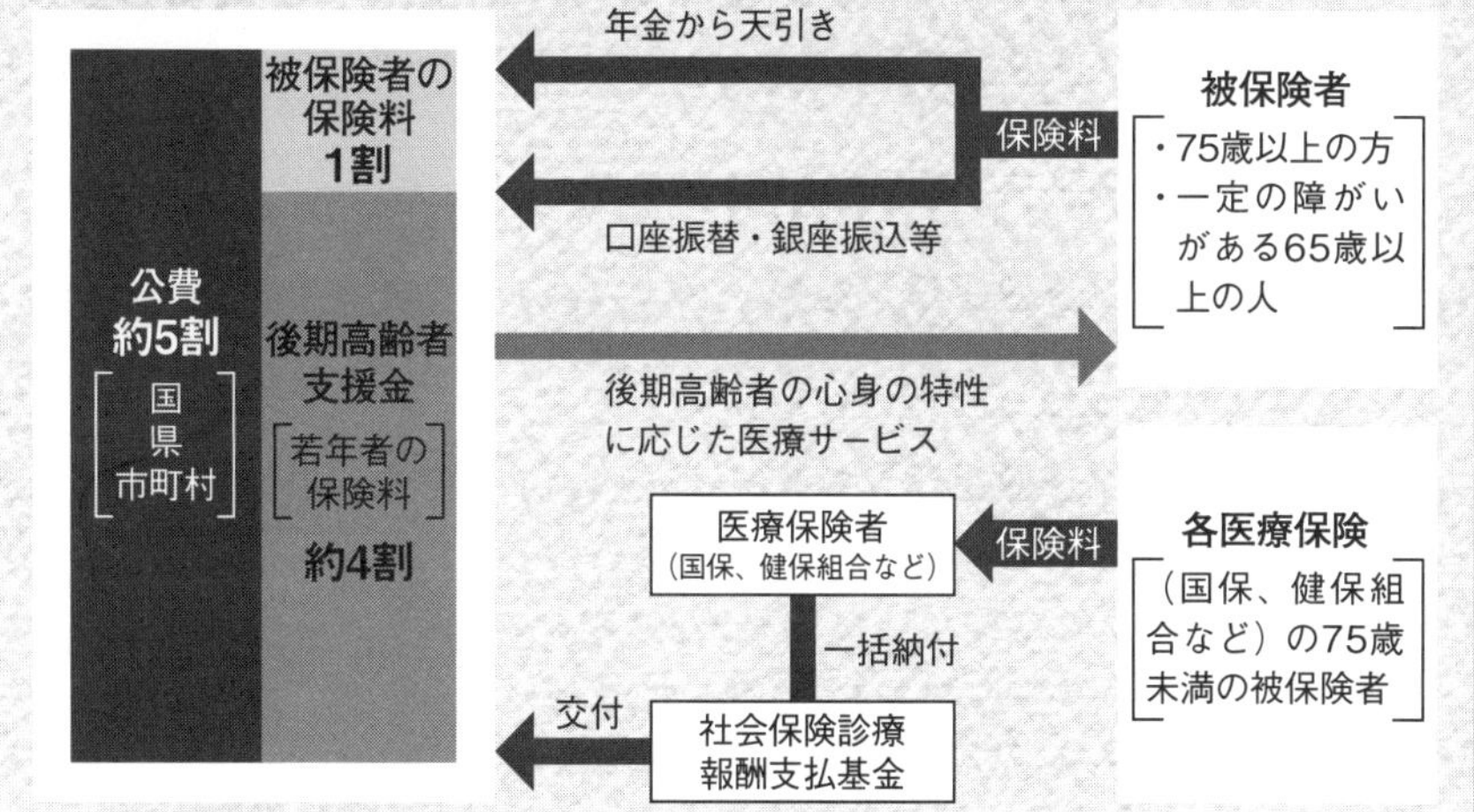

高齢者本人も負担へ

しかし、年々増え続ける高齢者の医療費を現役世代が負担するのは限界に近づいてきたため、高齢者本人にも一部負担してもらうことになりました。

具体的には、国や都道府県、市区町村からの公費5割、現役世代からの支援金4割、そして高齢者本人の保険料から1割という構成で高齢者医療を維持していくことになったのです。

また、とかくほかの制度のなかに埋没してみえにくかった高齢者医療を集中的かつ効率的に運営していくためにも、75歳以上の人だけを対象にした「後期高齢者医療制度」という独立した保険制度が創設されたのです。

2 〝後期高齢者〟で何が変わった？

では、後期高齢者医療制度によって、何がどう変わったのか。そのポイントを整理しておきましょう。

① 保険料が年金からの天引きになった

国保に加入していた75歳以上の人は、これまで保険料を自分で納付できていたのですが、75歳になると強制的に加入させられる後期高齢者医療制度では、受給している年金から自動的に保険料が天引きされる方式になったのが大きな変更点です。

介護保険料も同時に天引きされるため、年金の手取り額が大きく減った人も少なくありませんでした。

高齢者にとっては、〝命綱〟ともいえる年金から、ある日突然有無をいわさず天引きされるのですから、憤慨した人が多かったのも無理もないことかもしれません。

その後、自動引き落としでも納付できるように改善されはしたものの、いまも天引きが基本であることに変わりはありません。

なお、ニュース解説では、ほとんどふれられていませんでしたが、65歳から74歳までで国保に加入していて一定の要件（世帯内の被保険者が全員65歳以上75歳未満など）にあてはまる人も、なぜか国保の保険料が年金から天引きされるようになりました。

② 扶養されていても保険料負担あり

後期高齢者医療制度が導入されるまで、保険料を一切負担しなくてもいい高齢者もいました。

それは、息子や娘が加入している健保の被扶養者（扶養家族）になっていた高齢者です（または75歳以上の健保に加入している夫に扶養されている妻）。

健保の場合、一定の収入まで（年金生活者なら年間180万円未満）の扶養家族であれば、保険料は一切かからないからです。

後期高齢者医療制度の導入によって、いちばん大きな影響を受けたのが実はこの層でした。

満75歳になると、強制的にそれまで加入していた保険は脱退させられて、後期高齢者医療制度に加入します。そのため、健保の被扶養者資格を失って、自分で後期高齢者医療制度の保険料を負担しなければならなくなったからです。

ただし、当面は保険料の大幅減額措置が講じられていますので、心配されたほどの大きな負担にはならなかったようです。今後は、どうなるかは不透明です。

国保に加入していた層の保険料は「ほとんど変わらない」と事前に政府からアナウンスされていましたが、実際には、地域（市区町村の広域連合である都道府県単位）や本人の所得額によっては、保険料アップとなった人も少なくなかったようです。

③ 70歳から74歳までは2割負担になる？

国保などから後期高齢者医療制度に移った人の医療機関での窓口負担は、これまで通り1割負担と変更はありませんでしたので、その点では、特に心配はないようです。

ところが、後期高齢者には該当しない70歳から74歳までの人については、なぜか医療機関での窓口負担が1割から2割に引き上げられることになりました。

後期高齢者医療制度では、65歳から74歳までを「前期高齢者」と位置づけていて、このうち70歳から74歳の人に限っては、応分の負担が求められているのです。

つまり、69歳までは現役世代と同じ3割負担、74歳までは2割負担、75歳から1割負担と、段階的に負担率が軽減されるように設計されているわけです。

現役世代の3割負担からすれば、2割でもまだ軽いのは確かですけれど、もともと1割負担だったことからすれば、いきなり2倍になる心理的抵抗は大きいでしょう。

制度発足当初から「年寄りイジメ」と世間の批判を浴びたため、この2割負担は、いまのところ適用が先送りされています。平成24年4月1日から、適用される予定ですが、さらに先送りされる可能性もあります。

④65歳でも〝後期高齢者〟と認定される？

自分の親が後期高齢者になるのは、まだ先の話とタカをくくっていられません。

「前期高齢者」に該当する層については、もうひとつ大きな変更があり、年齢は65歳～74歳の人であっても、「寝たきりになるなど一定の障がいがある」と認定された人については、原則として、後期高齢者制度に加入させられるからです。

ただし、その場合、強制的に自動加入ではなく、これまで通り国保（または健保の被扶養者）に残ることも自分で選択できるようになっています。

したがって、72歳になるIさんの母親は、現状では、近いうちに前期高齢者として医療費が1割負担から2割負担に上がる可能性がある一方で、もしこのまま回復が困難な状態が続いて、後期高齢者として認定された場合には、医療費は1割負担のままで済むかもしれないのです。

息子であるIさんの健保の被扶養者になっていて、そこから後期高齢者医療制度に移った場合には、その分の保険料負担が新たに生じます。

このあたりのことを事前によく研究しておかないと、自分の親のことであっても保険料や医療費の負担が大きく変わってくるので注意が必要です。

3 高齢者の保険料と医療費は安いの？

「後期高齢者」は、制度の是非に関する情報ばかりが溢れかえる一方で、肝心要の高齢者が負担する医療費と保険料について、ちゃんと理解している人は、ほとんどいないのではないでしょうか。

そこで、高齢者の医療費と保険料についてあらためて整理しておきます。

① 医療費は年代別に1～3割負担

いちばん気になる医療費の自己負担は、とりあえず69歳までの人については、2章で解説したほかの世代の人と同じ3割です。

その自己負担額が変わるのが70歳以上になってから。

まず、70歳～74歳の人は、法令上は2割ですが、いまのところ特例措置によって、1割のまま運用されています。

後期高齢者医療制度に加入している人は、そうした特例なしで恒久的に1割負担となっています。

ただし、いずれの層についても、現役並み所得者に限っては、ほかの世代とまったく同じ3割です。

② 自己負担限度額も70歳以上優遇

では、医療費の自己負担限度額は、どうなっているのでしょうか。

69歳までの人は、入院するなどして、高額の医療費がかかった場合、月に一定の自己負担限度額を超えた分は、高額療養費として払い戻される点は、現役世代とまったく同じです。

その限度額が変わるのは、これまた70歳以上からです。

70歳になると、ややこしい計算式なしに、外来のみで月1万2000円、入院した場合（外来も合算）でも月4万4400円が自己負担限度額となり、現役世代と比べてかなり有利になっていることがわかります。

低所得者の自己負担限度額は、これよりも低く設定されていて、住民税非課税世帯ならば、外来月8000円、入院2万4600円。さらに収入が公的年金のみ80万円以下（世帯全員）の人は、入院1万5000円と格段に安くなります。

③世帯合算したときの限度額

高額療養費には、家族全員の医療費を合算して、自己負担限度額を超えた分が戻ってくる〝世帯合算〟の特別ルールが設けられています（ただし、同じ保険に加入する家族でないと合算できない。またひとり当たり2万1000円以上になった場合のみ合算対象とする）。

70歳以上になると、個人単位と世帯単位では、自己負担限度額は異なっているのが大きな特徴です。

先述した外来のみの自己負担限度額は、すべて個人単位の限度額でした。世帯単位の医療費を合算するときには、入院もした場合の自己負担限度額が適用されます。ただし、同じ保険（後期高齢者または国保）に加入している家族でないと合算できません。

したがって、70歳以上の夫婦がともに入院した場合は、原則として月4万4400円を自己負担することになると覚えておくといいでしょう。

④長期入院すると食費・住居費が高くなる

入院したとき、一食につき原則260円を超える部分を健保や国保から支給されるのが食費療養費。これについては、70歳以上の人に対しても特別な優遇措置はなく、同額を支給されるのが基本です

変わるのは、65歳以上の人が療養病床に入院したときです。その場合、食事療養費にかわって、「入院時生活療養費」として、食費一食当たり460円、居住費一日当たり320円が自己負担限度額となり、それ

70歳以上の医療費自己負担限度額(1カ月あたり)

所得区分[*1]	自己負担限度額	
	外来（個人ごと）	外来＋入院（世帯ごと）
現役並み所得者	44,000円	80,100円＋(総医療費－267,000円)×1％
一般	12,000円	44,000円
低所得者Ⅱ	8,000円	24,600円
低所得者Ⅰ	8,000円	15,000円

低所得者Ⅱ　世帯の全員が住民税非課税の人で「低所得者Ⅰ」に該当しない人
低所得者Ⅰ　世帯の全員が住民税非課税で年金収入のみ80万円以下等の所得（収入から必要経費・控除を差し引いた額）がゼロの人

入院時生活療養費とは？

療養病床に入院する65歳以上の人は、食費（食材料費＋調理費）と居住費（高熱水費相当）にかかる費用のうち標準負担額を負担する。

①65歳以上70歳未満の生活療養標準負担額（食費＋居住費）

区分	食事代（１食あたり）	居住費（１日あたり）
住民税課税世帯	460円（または420円）	320円
住民税非課税世帯	210円	

②70歳以上の生活療養標準負担額（食費＋居住費）

区分	食事代（１食あたり）	居住費（１日あたり）
現役並み所得者・一般	460円（または420円）	320円
低所得Ⅱ	210円	
低所得Ⅰ	130円	

を超えた部分についてのみ保険がめんどうをみてくれることになります（低所得者はもっと軽減される）。

一般病床に入院したときよりも食費の自己負担限度額が高く、別に居住費も一部自己負担になる制度になっていますので、長期入院したときには、結構費用がかさみます。

療養病床とは、比較的症状が安定した高齢者などが長期入院するための施設なのですが、2005年に介護保険が改正されて、施設入所時の食費と居住費が自己負担になったことと均衡をはかるために導入されたと言われています。

ただし、人工呼吸器を要する難病患者など入院医療の必要性の高い患者については、居住費の負担はなく、入院時食事療養費と同額の負担となります。

⑤保険料はいくらかかるの？

次に、後期高齢者医療制度に加入している人が納める保険料についてです。これは、所得額に応じてかかる所得割と、加入者ひとり当たりにかかる均等割の2つによって算定されるしくみになっています。

全国一律ではなく、都道府県によっても保険料の算定式は異なりますが、平成23年度は、所得割が総所得から基礎控除の33万円を引いた額の7～10パーセント、均等割が4～5万円程度です。

この方式では、年金生活者の大半（年間153万円まで）は、所得割は1円もかからないものの、いくら低所得でも、均等割だけはかかってしまい、夫婦2人なら年間8～10万円も納めないといけなくなります。

そこで、年金収入80万円までは均等割9割軽減、それを超えても年金収入160万円までなら均等割8・5割軽減などの措置が取られています。また、後期高齢者医療制度加入前は、健保などの被用者保険の被扶養者として保険料負担がなかった人に対しては、均等割9割軽減のうえ、所得割も一切課せられません。

ですから、いまのところ、年金収入160万円以下であれば、ひとり年間1万円前後の保険料負担で済むはず。とは言え、2カ月ごと支給の公的年金から、介護保険料と一緒に、ゴッソリ天引きされてしまうことの心理的な抵抗感は、決して小さくないはずです。

4 介護保険って、どういう制度？

医療によって当面の危機を乗り越えたら、次は介護について基礎的なことをマスターしておきましょう。

介護保険とは、２０００年4月から導入された、社会保険のなかでも最も新しい制度で、介護が必要になった高齢者に対して、在宅ケアから各種施設入所時の支援まで、さまざまなサービスを提供してくれるもの。

家族だけでは、身体的能力が衰えた高齢者の生活を支えていくことが難しくなったことから、社会全体で高齢者を支えていく制度です。

財源は、国、都道府県、市区町村による公費（税金）が5割。残り5割を保険料（40歳以上加入）によって賄われています。

利用者も、かかった費用の1割を負担していますので、しくみは、先述の後期高齢者医療制度とほぼ同じと言えるでしょう。

実は、医療保険と介護保険は、切っても切れない関係にあります。

２０００年まで介護保険制度のなかった日本では、介護が必要な人を病院に長期入院させるケースも少なくなかった、つまり医療保険を使って介護が行われていたのです。

しかし、それでは医療費の増大に歯止めがかからず、また、高齢者にとっても、尊厳を持って生活していくことが容易ではないことから、新たな施策が求められていました。

そこで、健保や国保などの医療保険から介護にかかわる部分を明確に切り離して、高齢者が自宅または施設で普通に生活していけるような手助けをするサービスや給付を提供する介護保険制度が創設されることになったのです。

5 介護保険は、誰が加入する？

介護保険の被保険者になれるのは、次の二種類の人です。

・第1号被保険者：65歳以上の人
・第2号被保険者：40歳〜64歳の人で、国保や健保など公的医療保険の加入者

1号、2号ともに介護保険の保険料を納める点は同じですが、介護保険のサービスを受けられるのは基本的には、1号被保険者だけ。つまり、1号が介護保険の直接対象となる高齢者世代、2号がそれを支える現役世代というわけです。

保険料は、1号の人が原則年金天引き（または口座引き落とし）で納めるのに対して、2号の人のほうは、国保や健保の保険料と一緒に徴収されます。なので、ほとんどの人は、介護保険料を払っている感覚はないのではないでしょうか。

どのくらい払っているのでしょうか。40歳以上65歳未満と65歳以上の2パターンでみていきましょう。

① 保険格差がある40歳以上65歳未満

国保加入世帯

国保保険料と同じく、住んでいる市区町村（一部は広域連合）によっても保険料率は、大きく異なっていて一律に何パーセントと出せません。

国保保険料は同じ東京23区内でも、介護保険料の所得割部分だけは、区ごとに独自に設定されていて、荒川区が1・44パーセントなのに対して、渋谷区は、0・91パーセントにすぎません（平成23年度）。それ

くらいの差は普通にあるのです。

夫婦共に40歳以上なら、2人分保険料がかかります。

健保加入世帯

協会けんぽに加入している人の保険料は、全国一律で1・51パーセント（平成23年度）。これを事業主と折半しますので、実質労働者負担は0・75パーセント程度となり、月給30万円なら月2250円の介護保険料を健康保険に上乗せされて天引きされます。

組合健保に加入している人は、それぞれの健保組合が独自に定めた保険料で、その料率は、協会けんぽよりも料率を低く設定されているのが一般的です。

国保と決定的に異なるのは、健保なら、被扶養者の分は徴収されない点。つまり、夫婦2人とも40歳以上でも、1人分しか払わなくていいわけで、年金の3号被保険者と似たしくみが取られているのです（ただし、被保険者が40歳未満でも、40歳以上の被保険者（妻などど）がいる場合には、1人分の保険料を徴収する方式をとっている健保組合も多い）。

②地域格差ある65歳以上

各市区町村が独自に算定した基準額に、国が定めた課税額や収入等によって6～12段階に分かれた料率を掛けて算出されます。

第一段階の生活保護世帯は、基準額に0・5掛けた額となる一方で、第6段階（所得基準は市区町村独自に設定）は基準額の1・5をかけて算出するようなしくみになっています。

ちなみに、2009年～2011年の全国平均の基準額は、4160円です。

都道府県別の平均をみると、青森県が月4999円と最も高く、最低だった千葉県の3696円と比べると、月約1300円もの差が出ているのです。

徴収方法は、原則として年金からの天引きです。ただし、年金額が年額18万円未満の人に限っては、市区町村から送られてきた納付書によって納めたり、金融機関の口座振替によって納めることもできます。

6 介護保険は、どんな人が使える？

介護保険は、もちろん、単純に年齢が65歳になったら使えるわけではありません。

以下のいずれかに該当する人が介護保険の保険給付を受けられるようになっています。

- 第1号被保険者…要介護状態や要支援状態になったとき
- 第2号被保険者…特定疾病が原因で要介護状態や要支援状態になったとき

介護保険給付を受けられるのは1号被保険者だけと述べましたが、例外として、40歳以上65歳未満の2号被保険者の人でも、特定疾病と呼ばれる病気で介護が必要になった場合には、その対象になるのです。

特定疾病とは、認知症や脳血管の病気など、加齢に伴って生じる心身の変化が原因で起きる病気のことで、それに該当する病名は、政令で細かく列挙されています。

実際の年齢は65歳未満でも、人よりも早く介護が必要な状態になる人もいるため、必ずしも年齢だけで保険給付対象を区切っているわけではないということ。

寝たきりになるなど一定の障がいがある人については、75歳未満でも、後期高齢者医療保険制度に加入できるのと同じ理屈ですね。

保険証は、1号の人なら65歳になると自分から申請しなくても自動的に送られてきますが、2号の場合は、介護認定が下りた人にのみ発行されます。

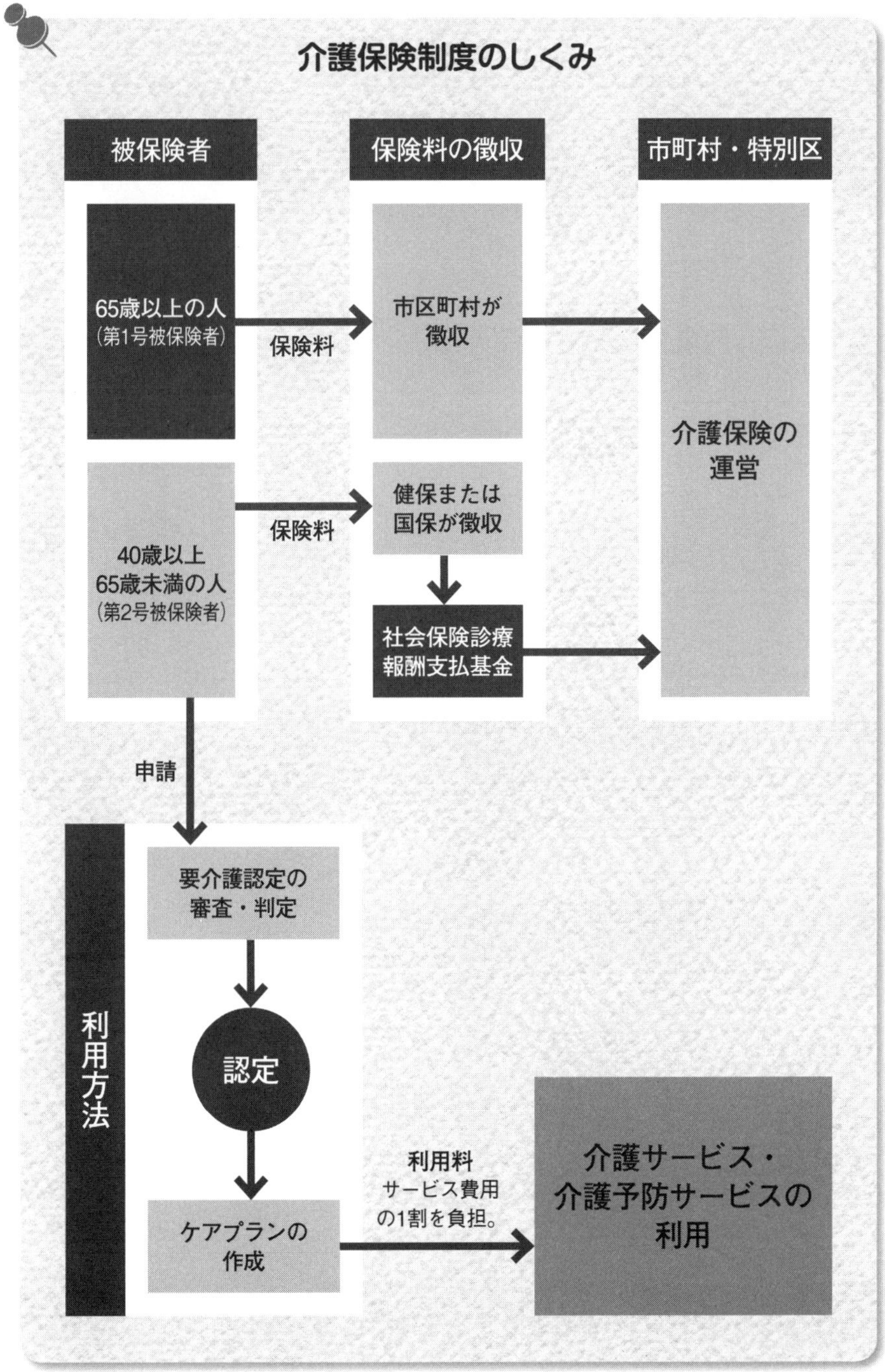
介護保険制度のしくみ
被保険者
保険料の徴収
市町村・特別区
65歳以上の人
（第1号被保険者）
保険料
市区町村が
徴収
介護保険の
運営
40歳以上
65歳未満の人
（第2号被保険者）
保険料
健保または
国保が徴収
社会保険診療
報酬支払基金
申請
利用方法
要介護認定の
審査・判定
認定
ケアプランの
作成
利用料
サービス費用
の1割を負担。
介護サービス・
介護予防サービスの
利用

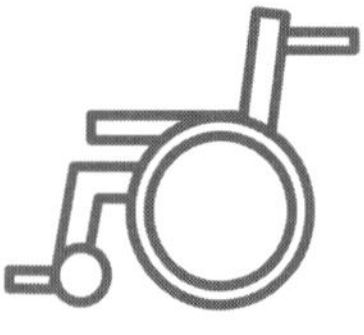

7 介護保険を利用するにはどうする？

では、介護保険を利用するには、どうすればよいのでしょうか。健保や国保のように、いきなり保険指定機関（病院など）に行ってサービスを受けることはできず、あらかじめ介護認定（正確には「要介護認定・要支援認定」）の手続きが必要です。

この認定は、以下のような手順で進められます。

①申請手続きをする

介護認定の申請手続きは、被保険者が現在住んでいる地域の市区町村の介護保険課で行います。

用意されている申請書に必要事項を書き込んで、介護保険の被保険者証（第2号被保険者は、国保または健保の保険証）と一緒に提出すればOKです。

法律で許可されている介護事業者に申請を代行してもらうこともできます。

何の知識もないので、何からどうしていいのかわからないときには、とりあえず「地域包括支援センター」を紹介してもらって、そちらで一度相談してから申請するといいでしょう。

②訪問調査が行われる

申請すると、介護認定調査員が被保険者の自宅（または入院中の医療施設）を訪問し、日常生活の状況などについての面接調査が行われます。

本人からの聞き取りだけでなく、介護をしている家族からも話を聞いて、その内容をもとにあらかじめ定められた項目について、該当するかどうかが細かくチェックされます。

一方で、市区町村からは、申請書に記入しておいた被保険者の主治医に対して、意見書の作成・提出依頼があります（申請書に主治医を明記しておく）。

主治医がいない場合には、あらかじめ市役所から指定する医師の診断を受けて意見書を書いてもらうのが一般的です。

③訪問調査結果によって一次判定が行われる

介護認定調査員の訪問調査結果だけを元に、全国共通の認定基準に基づいて、一次判定が行われます。

認定調査結果に基づいて算出された要介護認定等基準時間等によって、「非該当」「要支援1」「要支援2・要介護1」「要介護2」「要介護3」「要介護4」「要介護5」のどれに該当するかが、コンピュータソフトによって機械的に判定されるのが大きな特徴です。

④専門家によって二次判定が行われる

介護認定は、もちろんコンピュータだけで行われるわけではありません。

次のステップとして、個別の状況が詳しく検討されます。

医療や福祉の専門家によって構成された「介護認定審査会」という機関が定期的に会議を開催し、個々のケースについて、一次判定の結果と主治医の意見書などをもとに、支援や介護が必要かどうか、必要だとしたらどの程度の介護が必要かが話し合われます。

この結果によって、最終的な二次判定が出るのです。

判定結果は、一次判定と同じく、要介護・要支援が必要ない「非該当」か、それらが必要な7段階のどれに該当するかが明確に示されます。

最初の申請から最終的な判定が出るまでの期間は、原則30日以内ですが、実際には、だいたい2週間～1カ月前後（市区町村や時期によっても異なる）くらいといわれています。

8 認定レベルが高いほど有利？

介護認定が出れば、あとは保険を使って介護サービスを受ければいいだけと言いたいところですが、その前に知っておきたいことがまだいくつかあります。その点を整理しておきましょう。

① 認定は7段階で判定される

介護認定は、単純に保険が使えるかどうかを判定するだけではありません。要介護または要支援と判定された場合、その必要度の高さが、要支援は2段階、要介護は5段階で、それぞれ示されます。

どのレベルに該当するかによって、使えるサービスが決まったり、1カ月に使える限度額が決まってきます。

限度額は、介護の必要性の高い人ほど、高く設定されているのが特徴です。たとえば、居宅サービスにおける1カ月当たりの利用限度額をみてみると、要支援1の人は4万9700円程度ですが、要介護5の人は、35万8300円程度になっています。利用者は、このうち1割を自己負担して、もし利用限度額を超えたら、その部分については、全額自己負担となってしまいます。

知っておきたいのは、認定レベルの高い人のほうが必ずしも経済的に有利とは限らないこと。通所介護（デイサービス）のように、認定レベルが上がるにつれて単価が高くなるサービスもあり、要介護1の人は、1日708円で済むのに対して、要介護5の人になると1日1176円になるのです（いずれも横浜市における6時間以上8時間未満の自己負担額）。

②認定却下でも受けられるサービスはある

介護認定を申請したけれども、「非該当（自立）」と判定されると、介護保険のサービスは基本的には受けられないのですが、市区町村が独自に実施している介護予防事業のサービスならば受けられる場合があります。

一人暮らししている高齢者の自宅にお弁当を配達することで安否も確認してくれたり、日常の家事やちょっとした手伝いのサービスを廉価で提供してくれる市区町村もあります（ただし、低所得で親族に扶養されていない高齢者にのみに限定）。

また、介護認定の結果が正式に出る前に、介護保険対象のサービスを利用することもできます。その場合、もし、「非該当（自立）」と判定されたら、利用料金は全額自己負担となってしまいますけれど、専門家に相談してみて、認定される可能性がかなり高いことが事前にわかれば、認定が下りるまでじっと待つよりも時間を有効に使えるわけです。

③有効期間が設定されている

雇用保険で一度受給手続きさえすれば、あとは自動的に失業手当が給付されるわけではなく、定期的に失業認定を受けた後でないと給付を受けられないのと同じく、介護保険でも、サービスを受けるには、定期的に介護認定の更新をしなければなりません。

認定の有効期間は、原則として6カ月です（初回は、申請から6カ月経過した日の末日まで。更新認定の場合、状況によっては、3カ月に短縮されたり、逆に120日に延長されるケースもある）。

要介護や要支援と認定されたとしても、その条件で保険が使えるのはこの有効期間内に限ります。

一度認定を受けた後も、定期的に申請をして、そのつど認定の更新をしないといけないわけです。更新の手続きは、有効期間の60日前からできます。

また、有効期限内に、もし本人の状況に大きな変化があった場合には、「区分変更」と呼ばれる申請手続きをしないといけません。

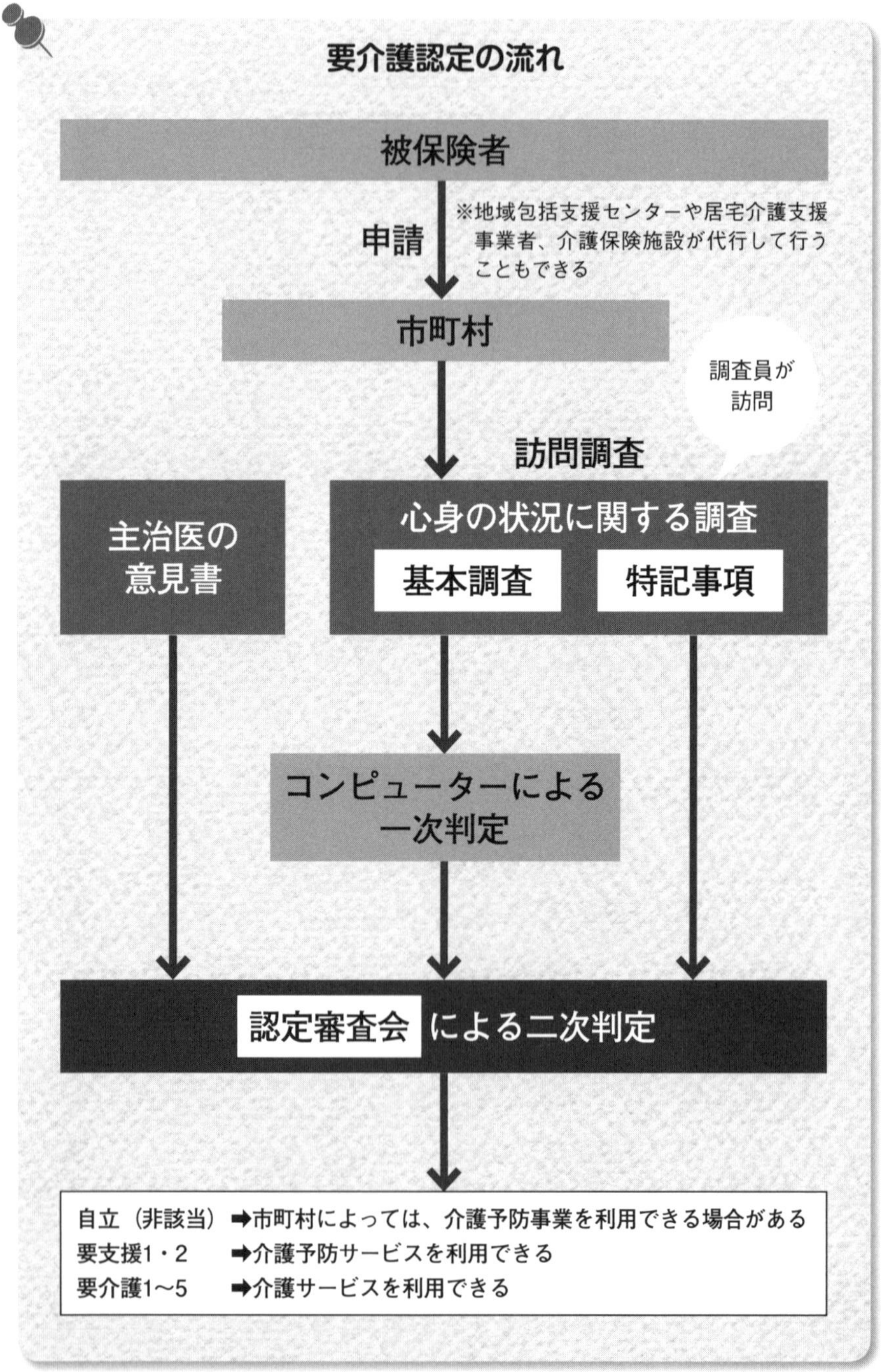
要介護認定の流れ
被保険者
申請
※地域包括支援センターや居宅介護支援事業者、介護保険施設が代行して行うこともできる
市町村
調査員が訪問
訪問調査
主治医の意見書
心身の状況に関する調査
基本調査
特記事項
コンピューターによる一次判定
認定審査会による二次判定
自立（非該当）➡市町村によっては、介護予防事業を利用できる場合がある
要支援1・2 ➡介護予防サービスを利用できる
要介護1〜5 ➡介護サービスを利用できる

9 在宅で利用できるサービスは？

介護認定が下りたら、次に、認定された本人や家族の状況に合った居宅サービス（要支援の場合は介護予防サービス）計画を作成します。

どのようなサービスをどう組み合わせて、被保険者の生活をサポートしていくかを定めたもので「ケアプラン」とも呼ばれています。

ケアプランは、自分でも作成できますが、ケアマネージャー（介護支援専門員、以下、ケアマネ）に作成を依頼するのが一般的です。

ケアプランを作成してくれるケアマネの一覧は、市区町村が提供してくれます。

ケアマネは、本人や家族のニーズを聞いて、効率のいいケアプランを作成してくれ、それらサービスを提供してくれる事業者との調整まで行ってくれます。

では、具体的に介護保険が使えるサービスにはどのようなものがあるのでしょうか。

在宅のまま受けられるサービスからみていきましょう。

1時間300円の訪問介護

まず、介護サービスとして、すっかり日常に定着してきたのが「訪問介護」です。ホームヘルパーさんが自宅に来てくれて、さまざまな援助を受けられるサービス。食事やトイレの介助をしてくれたり、着替えや体の清拭をしてくれる身体介護と、掃除や洗濯、調理をしてくれる生活援助に大別されます。

生活援助中心なら、1時間利用で自己負担額はたった312円。身体介護なら、60分以上90分未満で625円。生活援助の30分未満をセットにしても

714円で済むのですから、介護保険で9割負担してくれるありがたみを感じます。

この生活援助は、自分で家事をするのが難しく、なおかつ家族などからの支援を受けられない人でないと利用できません。また、当然のことながら、家族の分の洗濯、庭の草むしり、ペットの世話など、利用者本人の援助を超えた家事なども対象外です。身体介護については、家族の状況にかかわらず利用できます。

訪問入浴は一回1300円

自宅の浴槽では入浴が困難な人向けには、「訪問入浴介護」サービスがあります。移動式の浴槽を部屋に持ち込んで3人一組で介助してくれても自己負担は1338円。

通院が困難な人には、病院まで連れていってくれる「通院等乗降介助」が用意されています。運賃は別ですが、車椅子での乗り降りをサポートしてくれてたったの107円！

退院後、自宅ではリハビリできないで困っている人は、通院しなくても、自宅に理学療法士や作業療法士が来てリハビリさせてくれる「訪問リハビリテーション」サービスが役に立ちます。これも一回当たり322円と格安です。

自宅療養中にも定期的に健康のチェックや医療行為が必要と診断されたのなら、「訪問看護」サービスを利用しましょう。看護師など医療専門スタッフが訪問してくれても自己負担は30分未満なら449円。医師や歯科医師、薬剤師、管理栄養士などが訪問してくれて、療養上のアドバイスを受けられる「居宅療養管理指導」も、月一回訪問なら500円で利用できます。

1日700円の通所介護

居住系でおおいに活用したいのが自分から施設に通うサービス。デイサービスやデイケアの送迎も、いまやすっかり日常の風景として定着してきました。

毎日、朝夕送迎してくれて、食事や入浴など家の場合と同じ介護を受けられるうえ、そこに集まる利用者との交流ができたり、レクリエーションが楽しめるのは、デイサービス（「通所介護」）ならではのメリット。

一方、リハビリを中心に行うデイケア（「通所リハビリテーション」）も家に閉じこもりがちな高齢者にとって健康状態を維持・回復する効果が期待できます。

どちらも自宅で生活しつつ専門施設のサービスが受けられます。介護疲れに陥りがちな家族にとって、日中は介護から解放される点で、実にありがたいサービスと言えるでしょう。

気になる自己負担額は、送迎サービスもついてデイサービス1日708円、デイケア1日726円（いずれも要介護1の場合）。ただし、食費は保険対象外なので別途かかりますので、それも含めると結構な負担になってしまうのが悩みのタネですが……。

要支援向け「介護予防」サービス

これまでみてきた介護保険のサービスのほとんどは、要介護1～5の人を対象にしていますので、要支援1・2と判定された人は、基本的には対象外です。

では、要支援1・2の人は、それらの介護保険のサービスをまったく受けられないのでしょうか。もちろん、そんなことはありません。支援内容や料金体系が異なる別のサービスを利用できるようになっています。

たとえば訪問介護を例にとりますと、要支援1・2の人については、「**介護予防訪問介護**」と名称の違うサービスを利用することができます。

利用者が自分ひとりでできるようになることを目標にしたもので、要介護の人向けの「訪問介護」サービスと比べると、やや援助の度合いは低くなり、利用回数にも制限があるのが特徴です（要支援1の人は週2回までなど）。

その代わり、「介護予防訪問介護」のほうが料金が少し安くなったり、月当たりいくらの定額制になるなど、経済的な負担が軽減されるメリットがあります。

そのほかのサービスについても、要支援1・2の人向けに「介護予防～」とアタマにつく同じようなサービスが用意されていて、そちらのサービスを受けられるようになっているのです（ただし、「通院等乗降介助」のみ、要介護1～5の人しか利用できない）。

10 生活環境を整えるサービスとは？

要介護や要支援の認定を受けるというのは、元気な頃には意識せずできたことも人の力を借りないと難しくなるということです。

ベッドから起き上がるだけでも、家族のだれかの介助を頼まなければいけないとしたら、だれもが気持ちがふさぎがちになるでしょう。

また、介護施設や医療施設であれば安全に過ごせても、自宅には段差があったり急な階段があったりと危険だらけ。介護する家族はひとときも目を離せません。

そんな不都合は、介護用品によって解消できる場面も少なくないのですが、費用を考えたら簡単に、快適な介護環境を整えられる世帯は少ないでしょう。

そこで注目したいのが介護保険で賄える「モノのサービス」。

月700円で借りられる電動ベッド

手っ取り早いのは、福祉用具の貸与でしょう。

病院にあるようなスイッチひとつで角度を変えられる昇降機付きベッドは、購入するとなると、安いものでも10万円以上はするもの。しかし、レンタルならば月に7000円くらいで借りられて、そのうち9割を介護保険から給付してくれますので、自己負担は月に700円で済むのです。

対象となっている福祉用具には、車いすはもちろん、その付属品、特殊寝台、床ずれ防止マットなど、体位変換器など、介護している家族にとっても、あれば労力が大きく削減されるものばかり。

残念ながら、要支援1・2の人は、原則として、車いすや特殊寝台は対象外で、歩行器や歩行補助つえなど一部の品目のレンタルしか利用できませんが、一定の条件をクリアした場合に限って、それらも利用できるケースもあります。なので、一度ケアマネに相談してみましょう。

年間10万円補助で激安購入

トイレ関連用品や入浴補助用品などレンタルになじまない福祉用具は、購入して揃えることもできます。**「特定福祉用具の購入」**制度を使えば、これまた介護保険で9割負担してくれるのです（ただし、指定事業者から介護保険指定用品を購入した場合に限る）。

ポータブルトイレを部屋に設置すれば、夜中にトイレの介助をする苦労から解放されるはず。消臭機能や洗浄機能がついたものなら不快感も少ないでしょう。

年間の限度額10万円ですから、1万円程度を自己負担するだけで、結構高額な用品が揃えられるはずです。介護用品だけでは解決できないなら、住宅の改修工事も検討してみましょう。

上限20万円のリフォーム工事

玄関の段差をなくせば、車いすでの出入りが格段に楽になれます。トイレやお風呂に手すりを設置するだけでも、安全性は格段に高まるはず。

これらの改修工事にかかった費用も介護保険で9割負担してくれるのが**「住宅改修」**。工事費の上限は20万円で、上限いっぱいの工事をしたら18万円が戻ってくる計算です。一度全額たてかえておき、後から9割給付してもらうのが原則ですが、自治体によっては、最初から1割払うだけで工事ができる受領委任払い制度を設けているところもあります。

住宅改修の申請にあたっては、必要な理由書等も別に提出しなければなりませんので、ケアマネや自治体の担当窓口で相談してみるのが先決です。

本人がひとりでできることが増えれば、介護者の負担を大きく減らすことができます。介護される側にとっても、人の手を借りずにできることが増えるのは、きっと大きな進歩と感じるに違いありません。

11 安心して暮らせる地域密着型サービスとは？

介護が必要な状態になっても、できるだけ住み慣れた地域に留まって、これまで通りの生活を送りたい——。そんな要望に応えてくれるのが「**地域密着型サービス**」です。

市区町村ごとに指定されたサービス提供事業者によって、さまざまなサービスが提供されているのです。そのラインナップをざっとみていきましょう。

認知症でも安心な通所介護

認知症になった人の介護はとりわけ神経を使います。しかし、24時間つきっきりでみていることは現実には不可能です。

そんなときに活用したいのが「**認知症対応型通所介護**」。地元にある特別養護老人ホームやグループホームの共有スペースを活用した介護サービスで、家庭的な雰囲気のなかでレクリエーションやリハビリも受けられます。認知症の人を対象にしたデイケアといえるでしょう。

対象は要介護1～5の人のみ。要支援1・2の人は、「**介護予防認知症対応型通所介護**」を利用できます。軽度の認知症の人向けのデイサービスで、リハビリや健康チェックも受けられるようになっています。

自己負担額は、要介護1の人で1日917円、要支援1・2の人は1日793円です。

訪問や宿泊もOKな通所サービス

複数のサービスを組み合わせて提供できる地域密着

型サービスの強みがいちばんよくあらわれているのが「**小規模多機能型居宅介護**」と呼ばれるサービス。

利用者が住み慣れた地域で、通所を基本にして、訪問や施設への泊まりのサービスを組み合わせたサービスを受けられるのです。

要介護1・2の人については、「**介護予防小規模多機能型居宅介護**」を受けることになります。費用は、「介護予防～」のほうが月4715円と、「小規模多機能型居宅介護」の月1万2059円（要介護1）よりも安く済みます。

ふだんは通所でサービスを受けながらも、状況によっては訪問してもらったり、あるいは施設に宿泊したりといった、そのときどきのニーズに応じた使い方ができるのがほかのサービスにはない特徴です。

また、通所しているときと同じ顔見知りのスタッフが自宅に来てくれる安心感があるというメリットも見逃せません。

夜間緊急時対応の見守りサービス

もうひとつ高齢者のひとり暮らしの安全確保に大きな効果が期待できそうなのが「**夜間対応型訪問介護**」。

夜間の定期的な巡回のほか、ケアコール専用端末で連絡して緊急時に訪問してくれるサービスまでついています。

いわば、入院しているときと同じく〝ナースコール〟（ただし、訪問してくれるのは看護師ではない）が自宅からできるわけで、利用者本人はもちろん、高齢の親と離れて暮らす子供にとっても、大きな安心が得られるサービスと言えるでしょう。

基本料金は1カ月1070円。そのほか定期巡回サービスが一回408円、随時訪問サービスが一回621円で利用できます。

12 家族が介護を休めるサービスとは？

高齢者を抱えた世帯は、たとえ在宅サービスを活用していても、なかなか気が休まるときがなく、介護疲れがピークに達するときもあるでしょう。

このままの状況が続けば、とてもじゃあないけれど、介護を続けていくのは困難。

そう思ったとき、一度は検討してみたいのが「**短期入所生活介護**」です。

短期滞在で気分をリフレッシュ

「短期入所生活介護」とは、いわゆる「ショートステイ」と呼ばれているサービスで、家庭での介護が一時的に困難になったときなどに、福祉施設に短期間滞在して、日常生活の介助やレクリエーションを受けられるものです。デイサービスの宿泊版とも言えるでしょう。

家族にとっては、一時的にでも負担が軽減されれば、気分的にもリフレッシュできるかもしれません。

気になる費用の自己負担額は、1日当たり735円～1038円。

別にかかる食費1380円と部屋代320円（多床室）～1970円（ユニット型個室）をトータルすると、最低でも1日2400円程度、要介護5で個室利用となれば、4400円程度はかかります。

医療施設の短期入所も可能

「短期入所生活介護」を利用できるのは、要介護1～5の人ですが、ほかの制度と同じく、要支援1・2の人向けには、「介護予防短期入所生活介護」があります。

こちらのほうが費用の自己負担額はやや低く設定されています。

療養が必要な人には、「**短期入所療養介護**」（要支援1・2の人は「**介護予防短期入所療養介護**」）も用意されています。

医師や看護師による医学的管理のもと、理学療法士などの機能訓練（リハビリ）も続けられるのがメリットで、短期入所させてくれる施設は、介護老人保健施設や医療施設です。

費用の自己負担額は、一般的なショートステイよりも少し高いくらいで、大きな差はないようです。

どのサービスも緊急時でなければ、すぐには利用できないことが多いため、ケアマネに相談するなどしてから、事前に予約状況を確認してみましょう。

13 施設サービスが適用される3タイプとは？

事情があって、もはや在宅のままでは介護を続けられなくなってしまった。介護保険の居宅サービスを利用するよりも、常時介護をしてくれる専門の施設で生活してもらったほうが安全ではないか……。

そんなときのために、介護施設の種類についても一通りのことは頭に入れておきましょう。

介護保険が提供するサービスには、在宅のまま受ける「居宅サービス」とは別に、専門の介護施設に入所して受ける「施設サービス」があります。

われわれは、高齢者が入居してめんどうをみてくれる施設のことを一口に「老人ホーム」と呼んでいますが、介護保険の「施設サービス」が適用される施設としては、次の3種類しかありません。

① 公的ホームの介護老人福祉施設（特養）

要介護1～5の認定を受けていて、在宅介護が困難な65歳以上の人を対象にした介護保険施設で、別名「特別養護老人ホーム」（略して「特養」）とも呼ばれています。自治体や社会福祉法人が運営している公的な介護施設です。

民間の介護付き有料老人ホームなどと比べてかかる費用が安い（ただし個室にすると部屋代が高くなる）ことや、要介護認定を受けた人ならだれでも申し込めるために、入所希望者が多く、申し込みから入居までに何年も待たなければなりません。

入所は、申し込み順ではなく、要介護者や介護者の状況などによって、緊急性や必要性の高い人が優先されるようになっています。

原則として、在宅で生活することが可能な状態に戻ったら退所することになってはいるものの、入所期間は特に決められていないため、亡くなるまでここで生活する人も多いのが実情です。

②リハビリ限定の介護老人保健施設（老健）

介護が必要になった人が自宅で生活できるようになることを目的とした介護保険施設です。「老健」とも呼ばれています。

要介護1～5の認定を受けていて、在宅介護が困難な65歳以上の人を対象にしている点は、前記の〝特養〟と同じですが、入所できるのは、病状がある程度回復した後にリハビリが必要な人に限られるのが〝老健〟の特徴です。

医師や看護師が常駐しているため、家族としては、安心して入所させられるでしょう。

運営しているのは、ほとんどが医療法人です。

入所期間は3カ月～6カ月程度で、リハビリを継続できなくなると、退所せざるをえなくなるのがデメリットです。病院と自宅を結ぶ「中間施設」として位置づけられているのです。

③病院介護の介護療養型医療施設（介護療養病床）

介護だけでなく、まだ医療的なケアも必要な状態の高齢者が長期的に療養するための介護保険施設です。「介護療養病床」とも呼ばれています。

要介護認定1～5の人が自宅で生活できるようになることを目的としている点は、〝老健〟と同じですが、介護療養病床は、長期の療養を必要とする人に対して看護・医療的管理のもとに、介護サービスを提供するのが大きな特徴です。

独立した介護施設というよりも、病院のなかに設置された介護保険が使える療養病床と言えるでしょう。

認知症の人を対象にした病床と、一般の療養病床の2種類に分かれます。

デメリットとしては、医学的に入院の必要なしと判断されたら退所させられる点です。

14 居宅サービスを受けられる施設は?

介護保険の「施設サービス」が使えるところは、どうしても限られてきますので、できるだけ早く入居できて、なおかつ長期的にめんどうをみてくれるところとなると、もっと広い範囲で探さないといけません。

〝老人ホーム〟と呼ばれているところの多くは、介護保険の指定を受けて、入居した施設にて「居宅サービス」や「地域密着サービス」が使えるようになっているのです。

そこで、ほかのサービスが使える介護施設をみていきましょう。

①月8万円からのケアハウス

家庭の事情などから在宅で生活することが困難になった60歳以上で、介護認定を受けていない自立した人(単身または夫婦)が利用できる小規模の施設が「軽費老人ホーム」です。

「ケアハウス」とも呼ばれています。

最大の特徴は、費用が安いこと。有料老人ホームのような高額の入居一時金は不要で、月々にかかる料金も「8万円程度~」と、かなり低額で済むのが魅力です。

原則として個室が用意されていて、食事付きのタイプと食事なしのタイプがあり、一般的な「有料老人ホーム」との差がほとんどなくなってきています。

自治体が運営しているものと、民間が運営しているものがありますが、費用が安いのは前者です。

入居後に、介護が必要となった場合には、介護保険の訪問介護などが使えますので、「まだ元気なうちに入所しておく施設」としては最適でしょう。

デメリットとしては、入所後に介護が重度になったときには退所して〝特養〟などに移らないといけないことです。

②一般家庭に近い雰囲気のグループホーム

認知症の高齢者が5～9人の小人数で共同生活を送るのが、認知症対応型共同生活介護施設。いわゆる「グループホーム」と呼ばれる施設です。

ここに入所すると、市区町村が実施している「地域密着サービス」のひとつである「認知症対応型共同生活介護」が受けられます。

一般家庭と同じく、個室とは別に、居間、台所、浴室も備えていて、もちろん、常駐する専門スタッフによる介護も受けられます。

一方的に介護を受けるだけではなく、高齢者同士がお互いに家事などを分担しながら生活していくことで症状の進行を緩和したり、家庭的な雰囲気のなかで生活できるのがメリットと言われています。

対象は、おおむね身の回りのことはできる要介護1以上の人。ただし、要支援2の人に限っては、生活機能向上に配慮した「介護予防認知症対応型共同生活介護」を利用できます。

月額利用料は、2万6000～2万8000円程度と安いのも魅力のひとつでしょう（ただし、食費と部屋代は別）。

③待たずに入れる介護付き有料老人ホーム

自治体から介護保険における「特定施設」の指定を受けた民間の事業者が運営するのが、介護付き有料老人ホームです。

その施設に常駐するスタッフ（または外部の事業者）によって介護サービスが受けられます。

入所できるのは、要介護1～5の認定を受けた人で、入居者は、一割負担で介護保険の居宅サービスを利用できるようになっています。ただし、そのサービス利用料は施設にまとめて支払うようになっているのが一般的です。

公的施設である〝特養〟が入居時に一時金がかから

ないのに対して、このタイプは、多額の一時金がかかったり、月々にかかる費用も高いケースが多いのですが、その分、長期間待たなくても入所できるのが魅力です。

ちなみに「有料老人ホーム」と呼ばれるものには、「介護付き」のほか、自立した高齢者を対象とした「健康型」や、介護が必要になったときには、外部の訪問事業者のサービスを受ける「住宅型」もあります。

④費用負担が軽い養護老人ホーム

65歳以上で、身体や精神に障害があったり、経済的な理由などから自宅での生活が困難になった高齢者を対象にした施設です。

本人の希望によって入所するのではなく、市区町村の措置決定によって入所するのが大きな特徴で、自治体や社会福祉法人によって運営されています。

介護サービスを提供することを目的とした施設ではないため、数年前までは介護保険が使えなかったのですが、現在は、介護保険が使えるようになっています。

費用負担は、本人または扶養義務者の収入によって算定されます。そのため、介護施設と比べるとかなり費用負担が軽いと言われています（平均3万〜4万円）。

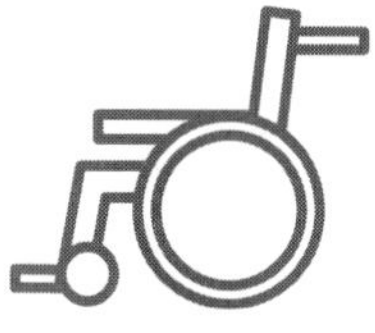

15 自己負担額の軽減措置はないの？

介護保険を使えば、一割負担で至れり尽くせりのサービスが受けられるとはいえ、利用回数が多かったり、介護施設に入居したときには、思った以上に自己負担が重くなるもの。

そこで知っておきたいのが利用者負担の軽減措置です。以下に、主な軽減措置の制度をまとめておきました。

高額介護サービス費が適用

介護にかかった費用が1カ月に一定以上になったら、その限度額を超えた分を払い戻してくれます。それが高額介護サービス費」です（要支援の人は「高額介護予防サービス費」）。

健保や国保の高額療養費の場合は、1カ月当たりの自己負担限度額はややこしい計算式によって算出しましたが、介護保険の高額介護サービス費の自己負担限度額は、一律で3万7200円と決まっています。

たとえば、1カ月に介護保険利用の自己負担が5万円だったとしたら、5万円から3万7200円を引いた1万2800円が戻ってくるわけです。

夫婦2人とも介護保険を使ったときには、その合算額が自己負担限度額を越えた分だけあとから戻ってきます（それぞれの払い戻し額は、合算額全体に占める負担額の割合に応じて計算）。

なお、福祉用具購入と住宅改修における自己負担分については、この制度の対象にはなりません。

低所得者は月2万4600円

「高額介護サービス費」が適用されても、月に3万7200円は負担しなければならないのは、結構負担が重いですよね。そこで、低所得者については、さらなる軽減措置が用意されているのがこの制度のもうひとつの大きなポイント。

左の表をみてください。自己負担の限度額は、収入によって四段階に分かれています。市民税非課税世帯であれば、第一段階から第三段階のどれかにあてはまり、特別な要件を満たしていない第三段階でも、自己負担限度額が月2万4600円に下がるのです。

市民税非課税ラインは、年金のみでほかに収入がない人で、年間155万円以下です。

実際には、配偶者控除や社会保険料控除を引いた額に課税されますので、その分も考慮に入れると、年金収入が年間200万円弱程度までなら、市民税非課税世帯として、この優遇措置が受けられる可能性はおおいにあるといえます。

部屋代と食費が大幅減

介護サービスの利用における低所得者に対する優遇措置がもっとも大きな効果をもたらすのは、部屋代と食費です。

介護保険制度がスタートした当初は、介護保険施設に入所したり、ショートステイを利用したときの部屋代と食費も保険の対象になっていたのですが、2005年の改正によって、それらは原則として全額自己負担となりました。

しかし、そうなると低所得者が介護施設を利用するのが困難になってしまうため、特別に「部屋代（居住費・滞在費）・食費の負担軽減」の制度が設けられたのです。

次頁の表をみてください。第三段階に該当する人ならば、食費は1日650円、部屋代も「従来型個室」で日額820円（特養等）が、それぞれ自己負担限度額となります。一カ月30日換算すると、合計で、4万4100円を負担すればOK。

介護サービス費用の自己負担限度額

1カ月の利用者負担（介護サービス費用の一割）が以下の上限額を超えたとき、市（区）役所に申請すると、その上限額を超えた分が払い戻される。

利用者負担段階	対象者	高額介護サービス費支給による自己負担の上限額（月額）	負担限度額（日額）部屋代			食費
第1段階	・市民税非課税世帯で老齢福祉年金を受給されている人 ・生活保護等を受給されている人	15,000円	多床室		0円	300円
			従来型個室	（特養等）	320円	
				（老健・療養等）	490円	
			ユニット型準個室		490円	
			ユニット型個室		820円	
第2段階	・市民税非課税世帯の方で合計所得金額と課税年金収入額の合計が年間80万円以下の人	15,000円	多床室		320円	390円
			従来型個室	（特養等）	420円	
				（老健・療養等）	490円	
			ユニット型準個室		490円	
			ユニット型個室		820円	
第3段階	・市民税非課税世帯の方で上記第2段階以外の人	24,600円	多床室		320円	650円
			従来型個室	（特養等）	820円	
				（老健・療養等）	1,310円	
			ユニット型準個室		1,310円	
			ユニット型個室		1,640円	
第4段階	・上記以外の人	37,200円	負担限度額なし			

特養入所も費用が半額に

特別養護老人ホームに普通に入居した場合、食費4万1400円と部屋代3万4500円（従来型個室）で、計約7万5000円かかるところがその半額近くで済むのです。

この制度を利用するためには、市（区）役所に申請する必要がありますが、一度申請して認定を受けると「介護保険負担限度額認定証」が発行されて、施設にその認定証を提示するだけで、施設に自己負担限度額を支払えばよくなるのです。

なお、利用者負担段階で第四段階（住民税課税世帯）にあてはまる人でも、夫婦のどちらかが施設に入所して部屋代・食費を負担して生計維持が困難になるなど、一定の要件を満たした場合には、第三段階に変更される特例減額措置も設けられています。

医療と介護を合算できる

高齢の要介護者を抱えた世帯は、介護保険と医療費の自己負担がダブルで発生しがちで、そうなるとたちまち家計を圧迫してしまいます。

そこで設けられているのが「高額医療・高額介護合算制度」。

平成20年からスタートした制度で、介護保険と医療費の1年間における自己負担が一定の限度額を超えた場合に、申請すると、その超えた分が戻ってくるというもの。

高額療養費と大きく異なるのは、月にかかった費用の合算ではなく、1年間にかかった費用を合算して、限度額を超えた分が戻ってくる点です。

負担限度額は、どの保険に加入しているかということと、所得額の2つによって決まるようになっています。

同じ保険加入のみ合算OK

次ページの表をみてください。後期高齢者医療制度に加入している75歳以上の世帯でみると、介護保険と医療費の限度額は、一般の所得者では年間56万円、低所得者は31万円（年金収入のみ80万円以下の人は19万円）。申請すると、それらの限度額を超えた分が戻ってくるわけです。

ただし、合算できるのは、世帯のなかで同じ保険に加入している人のみです。

たとえば、ひとつの世帯のなかで、祖父母は後期高齢者医療制度、世帯主の息子夫婦が国保、孫が健保にそれぞれ加入していたとすると、国保や健保で払った医療費については合算できません。

祖父母が後期高齢者と介護保険で払った自己負担分のみ合算して、限度額を越えていたら、その分が戻ってくるというしくみになっています。

市町村独自の助成制度もある

介護保険は、全国一律で適用されるほかの社会保険とは違っていて、市区町村の裁量に任されている部分が比較的大きいのが特徴です。そのため、利用者負担についても、市区町村独自の助成制度を設けていることとがあります。

たとえば、横浜市では、「介護サービス自己負担助成」を導入していて、一定以下の資産基準を満たした人（単身で預貯金額等の資産が350万円以下など）については介護サービスの利用者負担が本来1割のところを3パーセントに軽減する措置を講じています。

また、利用者負担第2段階以上の人で、資産基準の要件および収入基準（単身世帯で150万円以下など）の両方を満たした人については、介護サービスの利用者負担を5パーセントに軽減してくれるのです。

このほかにも、市区町村によっては、自宅で生活している要介護4以上の高齢者で、生計維持者の所得が一定以下ならば、毎月1万円程度の手当（「要介護高齢者等手当」）を支給してくれたり、一部の社会福祉法人では、特別養護老人ホームの入所者を対象に、資産・収入の要件を満たしている人の利用者負担額、食費及び住居費を4分の1（または2分の1）に軽減してくれるところもあります。

利用する前に、ぜひ一度、自分が住んでいる市区町村の助成制度をトコトン調べてみてください。

高額医療・高額介護合算制度における世帯の負担限度額

8月1日から翌年7月31日までの12か月の合計

<table>
<tr><th colspan="2" rowspan="2">所得区分</th><th colspan="2">国民健康保険または被用者保険＋介護保険</th><th rowspan="2">後期高齢者医療保険＋介護保険</th></tr>
<tr><th>70歳～74歳の人がいる世帯</th><th>70歳未満の人がいる世帯</th></tr>
<tr><td colspan="2">現役並み所得者（上位所得者）</td><td>67万円</td><td>126万円</td><td>67万円</td></tr>
<tr><td colspan="2">一般</td><td>56万円</td><td>67万円</td><td>56万円</td></tr>
<tr><td rowspan="2">低所得者</td><td>Ⅱ</td><td>31万円</td><td rowspan="2">34万円</td><td>31万円</td></tr>
<tr><td>Ⅰ</td><td>19万円</td><td>19万円</td></tr>
</table>

※自己負担限度額を超えた額が500円以下の場合は支給されない
※70歳以上の「低所得者Ⅰ」にあたる世帯で介護（介護予防）サービスの利用者が複数いる場合、介護保険からの支給額は「低所得者Ⅱ」世帯の自己負担限度額が適用される

高額医療・高額介護合算制度

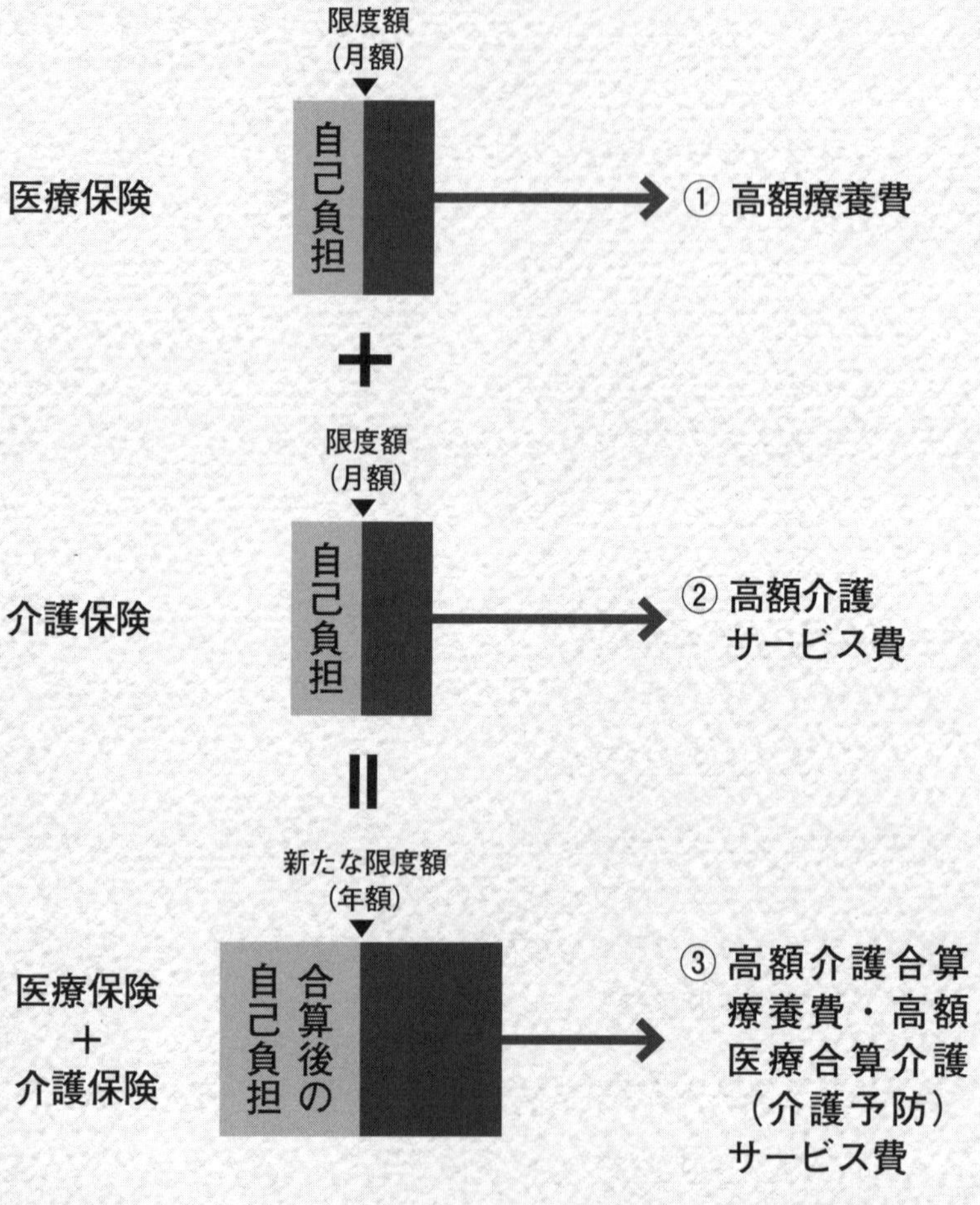

支給例

（夫婦ともに75歳以上で市民税非課税の2人世帯の場合）

1年間に夫の医療費負担が30万円、妻の介護費負担が30万円掛かった場合、世帯全体での負担額は60万円に。高額医療・高額介護合算制度を適用すれば、自己負担限度額（31万円）を超える分の29万円が支給されます。

世帯負担が
31万円で
済む

著者略歴

日向　咲嗣（ひゅうが・さくじ）

1959年、愛媛県生まれ。大学卒業後、新聞社、編集プロダクションを経て、フリーランスライターに。サラリーマンの副業ノウハウ、合資会社を活用した独立開業ノウハウにつづき、失業・転職など職業生活全般をテーマにした執筆活動を展開中。おもな著書に『1カ月100万円稼げる59の仕事』（三五館）、『会社を辞めてフリーで・個人で独立成功〈かんたん経理・申告・節税〉完全マニュアル』（明日香出版）、『新版ハローワーク150%トコトン活用術』『最新版 失業保険150%トコトン活用術』『トクする非正規社員マニュアル』『「職業訓練」150%トコトン活用術』（同文舘出版）――などがある。

連絡先　hina@ba.mbn.or.jp

●無料メール相談実施中！

失業・転職・社会保険等、労働問題全般についての相談を随時受け付けています。また、本書の内容に関するご質問も大歓迎ですので、困り事、不明点などありましたら、ご遠慮なく、上記のアドレスまでメールしてください。なお、都合により返信が遅くなる場合もありますので、その点はあらかじめご了承ください。

健康保険、年金、失業保険、労災、介護保険
―本当の安心を実現する81の使える知識
「社会保険」150%トコトン活用術

平成23年8月5日　初刷発行

著　者　日向咲嗣

発行者　中島治久

発行所　同文舘出版株式会社
東京都千代田区神田神保町1-41　〒101-0051
電話　営業03(3294)1801　編集03(3294)1802
振替00100-8-42935　http://www.dobunkan.co.jp

 ISBN978-4-495-59461-9
印刷／製本：シナノ　Printed in Japan 2011